머리말

《교과서를 넘나드는 초등 어린이 신문 한국사》를 펼친 어린이 여러분! 진심으로 환영합니다!

여러분은 '한국사' 하면 어떤 생각이 드나요? 유치원에 다닐 때부터 자주 들었던 〈한국을 빛낸 100명의 위인들〉이나 〈독도는 우리 땅〉과 같은 노래가 떠오르지는 않았나요? 또, 학교의 현장체험학습으로 가 보았거나 가족 여행으로 다녀온 박물관이나 기념관 같은 장소가 떠오르지는 않았나요? 혹시 한국사는 공부하기 어려운 과목이라는 소문을 듣지는 않았나요? 이 책을 쓴 선생님들은 한국사를 공부하기 어렵다고 생각하는 이유를 어린이들에게 물어보았어요. 이에 대한 어린이들의 대답은 다음과 같았어요.

> "공부할 내용이 너무 많아요."

그래요. 여러분 이야기가 맞아요. 한국사란 우리나라의 역사를 말해요. 그리고 역사는 지난날 일어난 일을 가리키고요. 한국사는 아주 먼 옛날부터 지금에 이르기까지 수십만 년에 걸쳐 일어난 일을 다루기 때문에 공부해야 하는 분량이 무척 많은 과목 중 하나예요. 하지만 수십만 년 동안 있었던 일을 모두 공부해야 하는 것은 아니에요. 여러분이 일기를 쓸 때 하루에 있었던 모든 일을 기록하지 않고 기억에 남는 일만 골라 쓰는 것처럼 역사가들도 과거에 있었던 일 가운데 중요한 것들을 선택하기 때문이에요. 이 책을 쓴 선생님들은 그 내용 가운데 어린이 여러분이 흥미로워 할 부분을 다시 추렸답니다. 모든 것을 외워야 한다는 부담은 갖지 않고, 가볍게 책장을 넘기며 읽으면 되는 거예요!

> "나랑 관계없는 먼 옛날 사람들의 이야기를 왜 공부해야 하는지 잘 모르겠어요."

어린이 여러분뿐만 아니라 많은 어른들도 함께 고민하는 지점이에요. 역사란 과거에 일어난 일을 다루기 때문에 현재를 사는 우리와 관련이 없다고 생각하기 쉬워요. 하지만 현재의 우리는 과거를 바탕으로 만들어졌어요. 그리고 역사는 과거의 기억을 함께 나누기 위한 학문이에요. 이렇게 나눈 기억은 과거와 현재의 사람들을 마주 보게 해 주고, 같은 시대를 살아가는 사람들이 공공선을 실천하는 원동력이 되지요. 선생님들은 어린이 여러분이 과거의 사건을 마주할 때 최대한 현장감을 느낄 수 있도록 신문 기사 형식으로 책을 펴냈답니다.

"교과서에 나오는 용어가 너무 어려워요."

선생님들도 여러분의 생각에 공감합니다. 요즘 세계적으로 '문해력'이라는 말이 무척 주목받고 있어요. 문해력은 글을 읽고 이해하는 능력을 말해요. 교과서는 어린이들을 위한 책이지만, 그 내용을 어린이들이 파악하기 어려운 것도 현실이에요. 딱딱하게 느껴지는 교과서를 여러분이 제대로 이해할 수 있도록 한국사 문해력을 기르는 것 또한 이 책을 펴낸 목적이에요.

실제로 이 책을 쓴 선생님들은 여러분과 같은 학생들과 함께 학교에서 다채로운 수업을 열어 왔거나 어린이들을 위한 역사책을 펴낸 적이 있답니다. 지금 이 순간에도 여러분 또래의 친구들과 호흡하고 있기 때문에 여러분이 무엇을 모르고 어려워하는지 알고 있지요. 선생님들이 여러분의 한국사 문해력·사고력 길잡이가 될게요.

《교과서를 넘나드는 초등 어린이 신문 한국사》와 함께 한 뼘 더 성장할 마음의 준비가 되었나요? 그럼 이 책과 함께 한국사를 즐겁게 만나 볼까요?

저자 일동

이 책의 구성과 활용법

기사 읽기

keyword 찾아보기
술술 읽히도록 쉽게 쓴 신문 기사의 중요한 단어들을 직접 찾아보며 기사 내용을 파악해 보세요.

더 알아보기
기사를 통해 흥미로운 한국사 이야기를 접하고 난 후, 기사와 관련된 한국사 배경지식을 살펴보며 한국사를 더 알아가 보세요.

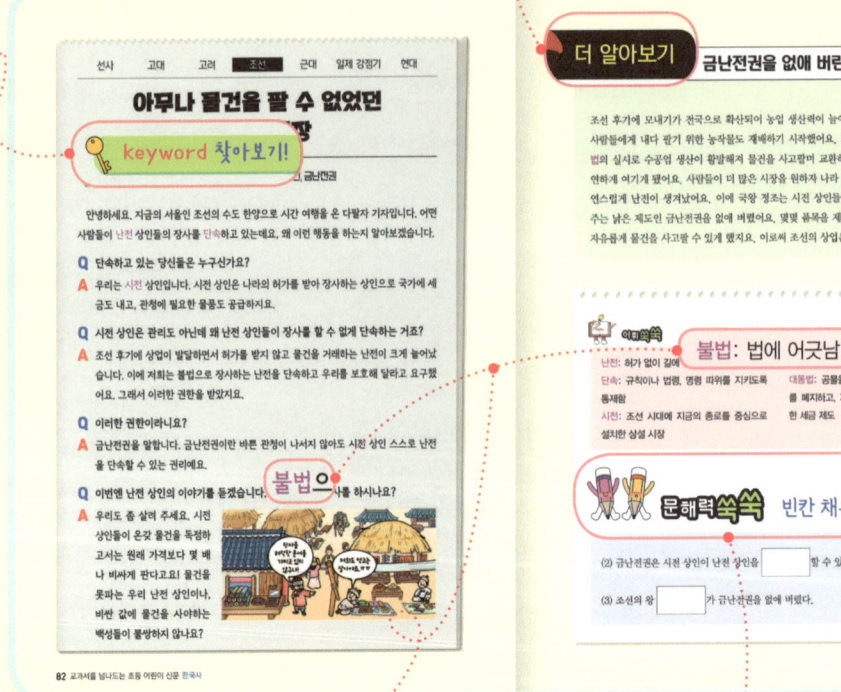

어휘쑥쑥
'기사'와 '더 알아보기'에 나오는 어휘의 뜻을 정확하게 확인해 보세요. 그리고 어려운 어휘가 있다면 새로 익혀 보세요.

문해력쑥쑥
빈칸 채우기 또는 옳은 단어 고르기 퀴즈를 풀며 기사의 내용을 제대로 이해했는지 확인해 보세요.

STEP.2 퀴즈 풀기

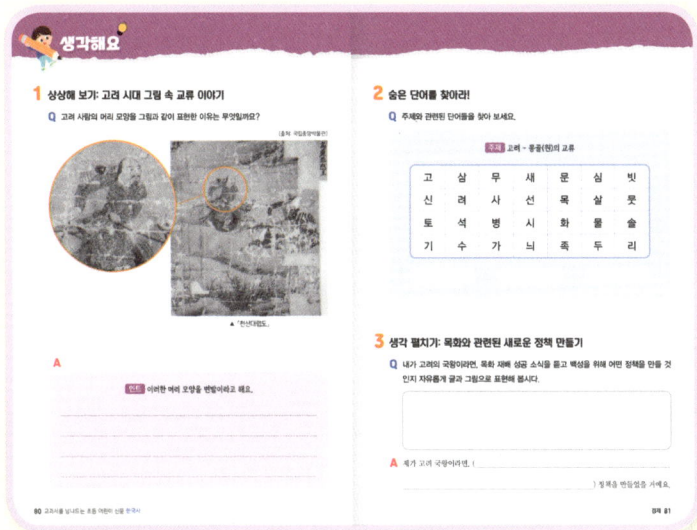

생각해요
'기사', '더 알아보기'를 활용한 다양한 퀴즈들이 있어요. 암호 퀴즈, 유물 퀴즈 등으로 한국사를 재미있게 학습하고, 6가지 유형의 문해력 퀴즈와 생각하는 힘을 키워 주는 사고력 퀴즈까지 풀어 보세요.

STEP.3 탐방하며 활동하기

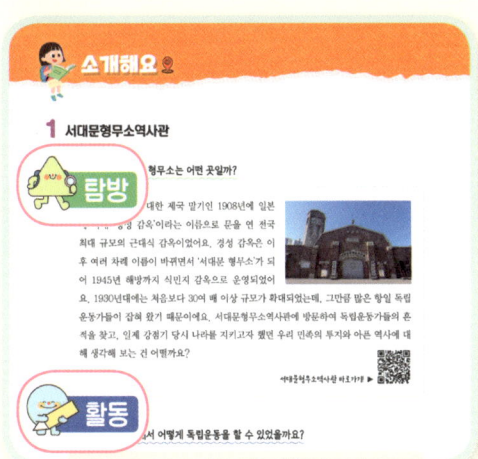

소개해요
각 PART의 6개 기사를 다 읽고 나면, 해당 PART와 관련된 역사 '탐방' 장소와 역사 '활동'을 확인해 보세요.
책으로 접했던 역사를 직접 활동하고 체험하며 생생히 느껴 보세요.

PART 1 사회

고대	삼국 시대에도 "구구단을 외자!"	14
고려	개성주악이 아닌 우메기?	18
조선	조선 시대에도 출산 휴가를 주었을까?	22
일제 강점기	칼을 찬 선생님이 학교에 왔어요	26
일제 강점기	지금의 북촌 한옥마을을 있게 한 건축왕 정세권	30
현대	광주에서 열린 영혼 결혼식	34

PART 2 문화

선사	끝이 뾰족하지 않은 빗살무늬 토기도 있다	42
고대	일본 게임에 등장한 백제의 칼	46
고려	고려 시대 난파선, 주꾸미 덕분에 발견되다	50
조선	기록의 나라 조선, 알리지 말라는 왕의 말까지 그대로 기록했어요	54
조선	조선 후기 서민들이 즐긴 문화 생활은?	58
일제 강점기	몸뻬 바지, 우스꽝스럽지만은 않아요	62

PART 3 경제

선사	고조선에도 화폐가 있었을까?	70
고대	귀족 사회에서 급부상한 해상왕 장보고	74
고려	문익점은 목화씨를 '훔쳐 오지' 않았다	78
조선	아무나 물건을 팔 수 없었던 조선의 시장	82

| 일제 강점기 | 일본이 조선에 철도를 깔아 준대요! | 86 |
| 현대 | 국민이 힘을 합쳐 나라를 되살리다 | 90 |

PART 4 정치

고대	우리 역사상 가장 넓은 영토를 가진 나라는?	98
고려	태조 왕건에게 묻다: 낙타 50마리 죽음의 진실	102
조선	연산군, 광해군 … 이름에 얽힌 비밀?	106
근대	저수지 물을 사용할 때도 세금을 내라니?	110
근대	도와주세요! 우리 왕이 사라졌어요!	114
일제 강점기	세계유산 군함도, 한국인에게는 지옥도	118

PART 5 전쟁

고대	계백, 가족을 몰살하다	126
고려	살생은 금지하지만 나라는 구하겠소!	130
조선	임진왜란의 기묘한 이야기, 왜적을 물리친 원숭이	134
조선	오랑캐에게 머리를 숙이자고?	138
일제 강점기	지금부터 대한민국 공군이 안전하게 호위하겠습니다!	142
현대	철마는 언제쯤 달릴 수 있을까요?	146

정답   154

교과 연계된 한국사 신문 기사

PART 1 사회

기사 제목	교과 연계
고대 삼국 시대에도 "구구단을 외자!"	사회 5~6학년 유적과 유물로 살펴본 옛 사람들의 생활
고려 개성주악이 아닌 우메기?	사회 5~6학년 유적과 유물로 살펴본 옛 사람들의 생활
조선 조선 시대에도 출산 휴가를 주었을까?	사회 5~6학년 달라지는 시대, 변화하는 생활 모습
일제 강점기 칼을 찬 선생님이 학교에 왔어요	사회 5~6학년 식민 통치와 저항, 전쟁이 바꾼 사회와 생활
일제 강점기 지금의 북촌 한옥마을을 있게 한 건축왕 정세권	사회 5~6학년 식민 통치와 저항, 전쟁이 바꾼 사회와 생활
현대 광주에서 열린 영혼 결혼식	사회 5~6학년 평화 통일을 위한 노력, 민주화와 산업화

PART 2 문화

기사 제목	교과 연계
선사 끝이 뾰족하지 않은 빗살무늬 토기도 있다	사회 5~6학년 유적과 유물로 살펴본 옛 사람들의 생활
고대 일본 게임에 등장한 백제의 칼	사회 5~6학년 유적과 유물로 살펴본 옛 사람들의 생활
고려 고려 시대 난파선, 주꾸미 덕분에 발견되다	사회 5~6학년 유적과 유물로 살펴본 옛 사람들의 생활
조선 기록의 나라 조선, 알리지 말라는 왕의 말까지 그대로 기록했어요	사회 5~6학년 달라지는 시대, 변화하는 생활 모습
조선 조선 후기 서민들이 즐긴 문화 생활은?	사회 5~6학년 달라지는 시대, 변화하는 생활 모습
일제 강점기 몸뻬 바지, 우스꽝스럽지만은 않아요	사회 5~6학년 식민 통치와 저항, 전쟁이 바꾼 사회와 생활

PART 3 경제

기사 제목	교과 연계
선사 고조선에도 화폐가 있었을까?	사회 5~6학년 유적과 유물로 살펴본 옛 사람들의 생활
고대 귀족 사회에서 급부상한 해상왕 장보고	사회 5~6학년 유적과 유물로 살펴본 옛 사람들의 생활
고려 문익점은 목화씨를 '훔쳐 오지' 않았다	사회 5~6학년 유적과 유물로 살펴본 옛 사람들의 생활
조선 아무나 물건을 팔 수 없었던 조선의 시장	사회 5~6학년 달라지는 시대, 변화하는 생활 모습
일제 강점기 일본이 조선에 철도를 깔아 준대요!	사회 5~6학년 식민 통치와 저항, 전쟁이 바꾼 사회와 생활
현대 국민이 힘을 합쳐 나라를 되살리다	사회 5~6학년 평화 통일을 위한 노력, 민주화와 산업화

PART 4 정치

기사 제목	교과 연계
`고대` 우리 역사상 가장 넓은 영토를 가진 나라는?	사회 5~6학년 유적과 유물로 살펴본 옛 사람들의 생활
`고려` 태조 왕건에게 묻다: 낙타 50마리 죽음의 진실	사회 5~6학년 유적과 유물로 살펴본 옛 사람들의 생활
`조선` 연산군, 광해군 … 이름에 얽힌 비밀?	사회 5~6학년 달라지는 시대, 변화하는 생활 모습
`근대` 저수지 물을 사용할 때도 세금을 내라니?	사회 5~6학년 달라지는 시대, 변화하는 생활 모습
`근대` 도와주세요! 우리 왕이 사라졌어요!	사회 5~6학년 달라지는 시대, 변화하는 생활 모습
`일제 강점기` 세계유산 군함도, 한국인에게는 지옥도	사회 5~6학년 식민 통치와 저항, 전쟁이 바꾼 사회와 생활

PART 5 전쟁

기사 제목	교과 연계
`고대` 계백, 가족을 몰살하다	사회 5~6학년 유적과 유물로 살펴본 옛 사람들의 생활
`고려` 살생은 금지하지만 나라는 구하겠소!	사회 5~6학년 유적과 유물로 살펴본 옛 사람들의 생활
`조선` 임진왜란의 기묘한 이야기, 왜적을 물리친 원숭이	사회 5~6학년 달라지는 시대, 변화하는 생활 모습
`조선` 오랑캐에게 머리를 숙이자고?	사회 5~6학년 달라지는 시대, 변화하는 생활 모습
`일제 강점기` 지금부터 대한민국 공군이 안전하게 호위하겠습니다!	사회 5~6학년 식민 통치와 저항, 전쟁이 바꾼 사회와 생활
`현대` 철마는 언제쯤 달릴 수 있을까요?	사회 5~6학년 평화 통일을 위한 노력, 민주화와 산업화

★ 2022 개정 교육과정의 성취기준을 반영했습니다.
한국사를 본격적으로 배우는 초등 5~6학년에 들어가기 전, 이 책을 통해 한국사에 대한 흥미를 키우고 교과와 연계된 한국사 배경지식을 미리 쌓아 보세요! 한국사가 어렵고 지루하게만 느껴지는 고학년 친구들에게도 이 책이 한국사를 쉽게 이해하고 한국사와 다시 친해질 수 있도록 도움을 줄 것입니다.

PART 1

사회

01 　고대　 삼국 시대에도 "구구단을 외자!"
02 　고려　 개성주악이 아닌 우메기?
03 　조선　 조선 시대에도 출산 휴가를 주었을까?
04 　일제 강점기　 칼을 찬 선생님이 학교에 왔어요
05 　일제 강점기　 지금의 북촌 한옥마을을 있게 한 건축왕 정세권
06 　현대　 광주에서 열린 영혼 결혼식

선사 | **고대** | 고려 | 조선 | 근대 | 일제 강점기 | 현대

삼국 시대에도 "구구단을 외자!"

 구구단, 백제, 목간, 산학

안녕하세요. 최수학 기자입니다. 우리나라 사람들은 언제부터 구구단을 알았을까요? 최근에 그 단서가 되는 유물이 출토되어 화제가 되었는데요, 백제 시대에 사용된 것으로 밝혀진 '목간'에서 구구단 공식을 적은 표가 나와 큰 관심을 모으고 있습니다. 문화유산 전문가 나구구 박사님과의 인터뷰를 통해 자세한 이야기를 듣겠습니다.

Q 박사님, 이번에 출토된 구구단 목간이 무엇인지 설명 부탁드립니다.

A 목간은 어떤 기록이 쓰여 있는 나무 판이나 나무 조각을 말하는데요, 이번에 충남 부여 쌍북리에서 목간에 구구단 공식을 적은 구구표가 발견됐습니다.

Q 구구단이 어떤 식으로 쓰여 있었나요?

A 가장 윗부분의 9단부터 시작해서 내려갑니다. 지금의 구구단 순서와는 달라 보이고 '九〻八十一 八九七囗 囗七九六十三(9981 897囗 7963)'과 같은 방식으로 기록되어 있습니다.

Q 삼국 시대 사람들은 이미 구구단을 알았다는 사실이 드러나는 놀라운 발굴이군요!

A 네, 역사적 의미가 크죠. 광개토 대왕릉비나 『삼국사기』 같은 역사책에도 이미 삼국 시대에 '산학'(지금의 수학)이라는 학문을 가르쳤다는 기록도 있었으니 말입니다. 오늘날 어린이들만 수학으로 머리 아팠던 건 아니었겠네요.

더 알아보기
삼국 시대와 수학(산학) 그리고 학문 발전

고구려, 백제, 신라가 있던 삼국 시대에도 수학이 발전했을까요? 삼국 시대 당시 우리나라 뿐만 아니라 동아시아 사람들은 오늘날의 수학에 해당하는 산학을 공부하고 연구하며 생활 속에서 활용했을 것이라 짐작이 됩니다. 삼국 시대만 하더라도 각종 건축 기술, 천문학과 같은 학문이 발전한 것을 보면 수학적 개념이 꼭 필요했을 테니까요. 또한, 나라에서 백성들에게 세금을 걷고 백성들이 시장에서 물건을 계산하기 위해서라도 수학은 중요한 존재였을 거예요.

출토: 땅 속에 묻혀 있던 물건을 파냄
공식: 수학에서 원리를 활용해 계산을 편하게 하기 위해 만든 법칙
광개토 대왕릉비: 고구려 광개토 대왕의 업적을 기록한 비석

『삼국사기』: 고려 시대에 김부식 등의 학자들이 삼국의 역사에 대해 기록한 책
학문: 공부 또는 연구를 해서 지식을 익힘
천문학: 별과 행성의 움직임을 관찰하고 우주의 원리를 연구하는 학문

 빈칸 채우기

(1) 발굴된 구구단이 적힌 목간은 ▭ 의 문화유산으로 밝혀졌어요.

(2) 목간은 ▭ 로 만든 조각을 의미해요.

(3) 삼국 시대에는 오늘날의 수학을 '▭'이라고 불렀어요.

생각해요

1 구구단 목간 살펴보기

Q 백제의 목간에는 구구단이 어떻게 적혀 있을까요? 목간에 쓰인 구구단으로 문제를 풀어 보세요.

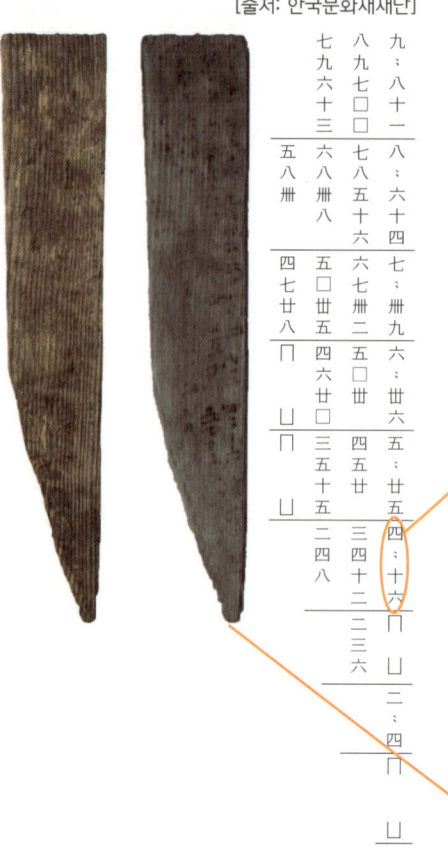

[출처: 한국문화재재단]

> 삼국 시대에는 글자를 가로가 아니라 세로, 즉 위에서 아래로 적었어요.

> 목간을 적외선 카메라로 촬영해 글자가 더 잘 보이도록 사진으로 남겼어요.

A

힌트 〈四ː十六〉: 'ː' 표시는 앞 글자와 같다는 뜻이에요.
四ː十六을 읽으면 '사사십육'이 되지요(4 × 4 = 16).

七八五十六 → 7 8 五十六 → 7 × 8 = ☐ ☐

2 O / X 퀴즈

Q 다음 문장을 읽고 맞으면 O, 틀리면 X에 표시하세요.

(1) 광개토 대왕릉비와 『삼국사기』를 통해 삼국 시대에는 수학에 대한 공부와 연구를 하지 않은 것을 알 수 있다. ☐ O ☐ X

(2) 목간이란 나무에 중요한 정보를 새겨 기록한 것을 말한다. ☐ O ☐ X

(3) 구구단 목간을 통해 삼국 시대 사람들도 구구단과 같은 공식에 대해 알고 있었다는 것을 추측할 수 있다. ☐ O ☐ X

3 생각 펼치기: 내가 백제 사람이었다면?

Q 백제 사람들은 구구단 목간을 어떤 상황에서 어떤 방식으로 사용했을까요? 백제 시대를 살아가는 어린이라고 상상하며 자유롭게 써 보세요.

A 제가 백제 사람이었다면 구구단 목간을 (_____

_____) 상황에서

(_____)(으)로

사용했을 거예요.

사회 17

선사　　고대　　**고려**　　조선　　근대　　일제 강점기　　현대

개성주악이 아닌 우메기?

🔑 keyword 찾아보기! 　개성주악, 전통, 고려 시대, 향토 음식, 우메기

　다들 '개성주악'이라는 음식을 아시나요? 개성주악은 인절미나 약과처럼 전통적인 음식을 좋아하는 사람들 사이에서 인기를 얻고 있는 디저트예요. 버터, 과일, 초콜릿, 잼 등으로 장식해서 각자의 취향에 맞게 좋아하는 맛으로 골라 먹을 수도 있어요.

　맛깔스러운 주황빛을 띠며 동그랗고 반질반질한 조약돌처럼 생긴 개성주악에는 숨겨진 사실이 하나 있는데요, 고려 시대 음식이라고 널리 알려져 있지만 사실 어느 시대 음식인지 확실하게 알 수 없고, 북한 개성 지역의 향토 음식이라는 사실만이 알려져 있답니다.

▲ 개성주악이 아닌 우메기?

　'주악'이라는 음식은 조선 시대의 책 등 여러 기록을 통해 만드는 방법과 생김새가 전해지고 있는데, 지금의 개성주악과는 조금 달라요. 그리고 개성주악의 원래 이름이 '우메기'라는 주장도 있어요. 주악은 송편 모양으로 빚어 기름에 지진 음식이지만, '우메기'는 찹쌀가루를 둥글넓적하게 빚어 기름에 지진 후 꿀이나 조청에 담갔다가 건진 떡이거든요.

　우리가 사실로 알고 있던 것들도 사실이 아닐 수 있고, 이제껏 몰랐던 새로운 사실이 역사가 되기도 한답니다. 역사는 멈춰 있는 것이 아니라 우리 옆에서 살아 숨 쉬고 있어요! 오랜 시간에 걸쳐 많은 사람들에게 사랑받으며 기억되고 있는 우리의 전통 음식 중 여러분이 알고 있는 것은 무엇인가요?

더 알아보기

'코리아'가 세상에 알려지다

우리나라 이름은 '대한민국'인데 왜 영어로는 'Korea'라고 할까요? '코리아'는 서양에서 고려를 부르던 이름이었어요. 그렇다면 서양과는 꽤 멀리 떨어져 있던 고려가 어떻게 서양에 알려질 수 있었던 것일까요? 고려의 수도인 개경으로 통하는 예성강 하구에는 '벽란도'라는 국제 무역항이 있었어요. 이곳에서 고려는 주변 나라인 송과 거란, 일본뿐만 아니라 아라비아 상인들과도 교역했어요. 그래서 아라비아 상인들에 의해 고려는 '코리아'라는 이름으로 서양에까지 널리 알려지게 된 것이랍니다.

▲ 고려의 국제교역

전통: 어떤 집단이나 공동체에서 전해져 내려오는 사상·관습·행동
향토: 시골이나 고장
둥글넓적: 생김새가 둥글면서 넓적함

하구: 강물이 바다로 흘러 들어가는 곳. 강과 바다가 만나는 곳
교역: 나라와 나라 사이에서 물건을 사고팔며 서로 바꿈

 빈칸 채우기

(1) ☐ 은 북한 개성 지역의 향토 음식이다.

(2) 서양에서는 고려를 '☐'라고 불렀다.

(3) 고려의 국제 무역항은 ☐ 이다.

1 고려의 음식문화 살펴보기

Q 고려 사람들은 어떤 음식을 먹었을까요? 표에서 알려주는 설명을 참고해 그림을 그리거나 음식 이름을 써서 한 상 차려 보세요.

고려 사람들의 밥상	고려 사람들의 간식상
◆ 고려는 불교를 믿는 나라 　• 동물을 죽이지 못하도록 함 　• 고기보다는 채소를 주로 먹음 　• 후기에는 고려를 침략한 몽골의 영향을 받아 고기 음식을 먹기도 함 ◆ 고려의 상차림 　• 기본 상차림: 밥, 국, 김치 등 　• 특별식: 죽, 국수, 만두 등 　• 고춧가루는 없었지만 마늘, 파, 소금 등으로 양념한 김치를 먹음	◆ 간식이 발달한 고려 　• 설기떡, 쑥떡 등 다양한 고려의 떡 　• 쌀가루 반죽을 기름에 지지거나 튀긴 유밀과 ◆ 유밀과 　• 밀가루를 꿀·참기름으로 반죽한 뒤, 기름에 지져 꿀에 담가 두었다가 먹는 과자 　• 우리가 보통 알고 있는 약과가 유밀과에 속함

A

2 숨은 단어를 찾아라!

Q 주제와 관련된 단어들을 찾아 보세요.

주제 고려 시대, 전통 간식

서	양	청	개	상	감	도
왕	위	성	자	베	개	경
종	주	박	청	화	구	진
악	전	벽	란	도	거	란

3 생각 펼치기: 미래의 후손에게 전해질 우리 음식은?

Q 우리 음식 중 어떤 것이 먼 훗날 후손에게 전해질 것 같나요? 그 이유를 쓰고 변화한 모습도 상상해 보세요.

A 우리 음식 중 (_____)이/가 훗날 후손에게 전해질 것 같아요.

그 이유는 (_____) 때문이에요.

그리고 그 음식이 변화한다면, (____)번 (_____) 것이에요.

① **이름이 바뀌었을**: 전혀 다른 이름인 (_____)라고 불린다.

② **새로운 재료와 합쳐졌을**: 새로운 재료인 (_____)와/과 합쳐진다.

③ **다른 나라에서도 인기가 있을**: 전 세계에 널리 알려진다.

선사 　 고대 　 고려 　 **조선** 　 근대 　 일제 강점기 　 현대

조선 시대에도 출산 휴가를 주었을까?

 keyword 찾아보기!　세종대왕, 애민 정신, 노비, 출산 휴가, 『경국대전』

　　조선 시대 최고의 성군으로 평가받는 '세종대왕'을 아시나요? 세종대왕의 업적은 손에 꼽기 어려울 정도로 많아요. 세종대왕이 시행한 수많은 정책을 살피다 보면 백성을 사랑하는 마음, 이른바 '애민 정신'을 느낄 수 있어요.

　　신분제 사회인 조선에서 노비는 최하위 신분이었고 노비를 물건처럼 사고팔거나 자손들에게 물려주기도 했지요. 세종대왕께서는 이런 대접을 받는 노비까지도 귀하게 여기고 최소한의 인간다운 삶을 누릴 수 있도록 해 주셨답니다.

　　가장 대표적인 것이 노비의 출산 휴가예요. 『세종실록』의 기록에 따르면 관청에서 일하는 여자 노비가 아이를 낳으면 100일간의 출산 휴가를 주도록 했고, 원하는 경우 아이를 낳기 전 한 달 동안에도 쉴 수 있도록 했어요. 또한, 아내의 출산을 도와야 하는 남편에게도 30일간의 휴가를 주도록 지시했어요.

　　무려 600여 년 앞선 일이지만 지금의 출산 휴가 제도와 비교해 보아도 부족함이 없답니다. 백성을 사랑하는 세종대왕의 마음이 느껴지지요? 이러한 출산 휴가 정책은 성종 때에 완성한 조선의 법전인 『경국대전』에 규정되었답니다.

조선 최고의 법전 『경국대전』

세종대왕의 아들 세조는 우리나라에 맞는 법전을 만들어야겠다고 생각했어요. 왜냐하면 이전에는 중국의 법을 부분적으로 수용해서 시행했기 때문에 우리나라의 상황에 맞지 않았고, 그때그때 왕의 판단으로 통치를 하다 보니 공평하게 다스릴 수가 없었기 때문이에요.

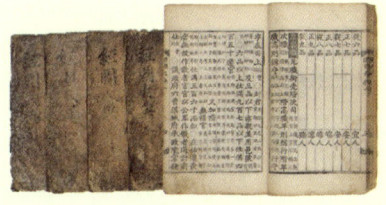
▲ 『경국대전』

사회 질서를 바로잡고 유교의 가르침에 따라 나라를 잘 다스리기 위해 법을 만들고, 법들을 하나의 법전에 담아 『경국대전』을 만들었어요. 성종 때 완성된 조선 최고의 법전인 『경국대전』에는 노비의 출산 휴가 규정부터 과거에 응시할 수 있는 자격, 국가 기록을 보관하는 방법까지 정치, 사회, 경제, 문화 분야에서 지켜야 할 법들이 담겨 있어요. 『경국대전』은 조선을 다스리는 데 기준이 되었답니다.

성군: 어질고 덕이 뛰어난 임금
업적: 일이나 연구에서 세운 공적
신분: 사회적인 위치나 계급
출산 휴가: 일하는 여성이 아이를 낳기 위해 얻는 휴가

관청: 나라의 일을 맡아보는 국가 기관
『경국대전』: 조선 시대에 통치의 기준이 된 최고의 법전
유교: '유학'을 종교적으로 이르는 말

 옳은 단어 고르기

(1) 세종대왕은 백성을 사랑하는 (성군 / 폭군)이셨다.
(2) 조선 시대 노비에게도 (출산 휴가 / 여행 휴가)가 있었다.
(3) 조선은 (불교 / 유교)의 가르침에 따라 나라를 다스렸다.

1 세종대왕의 비밀편지

Q 세종대왕께서 백성과 후손에게 남긴 비밀 편지의 암호를 풀어 보세요.

> 나라의 말이 중국과 달라서 문자와 말이 서로 통하지 않으니 백성들이 말하고자 하는 바가 있어도 뜻을 펴기 어렵다. 내가 이를 가엾게 여겨 새로 스물여덟 자를 만드니 사람마다 쉽게 익혀 날로 씀에 편하게 하고자 한다. 백성과 후손을 위해 (ㄷ▬●ㅁ ㅇ▮ㅁ ㅌ●▮ㅋ ㅋ▬ㅇ)을 남기니 이를 아끼고 잘 사용했으면 좋겠다.

> 아래는 암호를 이용해서 쓴 낱말들이에요. 규칙을 찾아 세종대왕께서 어떤 것을 우리에게 남기고 싶었는지 찾아 봅시다!
> 세종대왕 ▷ ㅊ●▮▮ ㅌ●▬ㅋ ㅂ▮●▮ ㅋ●ㅇ▮●ㅋ
> 경국대전 ▷ ㄹ●●▮ㅋ ㄹ▬●ㄹ ㅂ▮●▮ ㅌ●▮ㅁ

A

힌트: 자음: -3칸, 모음: 모양

암호	ㄱ	ㄴ	ㄷ	ㄹ	ㅁ
풀이					
암호	ㅂ	ㅅ	ㅇ	ㅈ	ㅊ
풀이					
암호	ㅋ	ㅌ	ㅍ	ㅎ	
풀이					
암호	●	▬	▮		
풀이					

(☐ ☐ ☐ ☐)

2 사다리 타기 퀴즈

Q 사다리를 타고 내려 간 곳에 알맞은 답을 써 보세요.

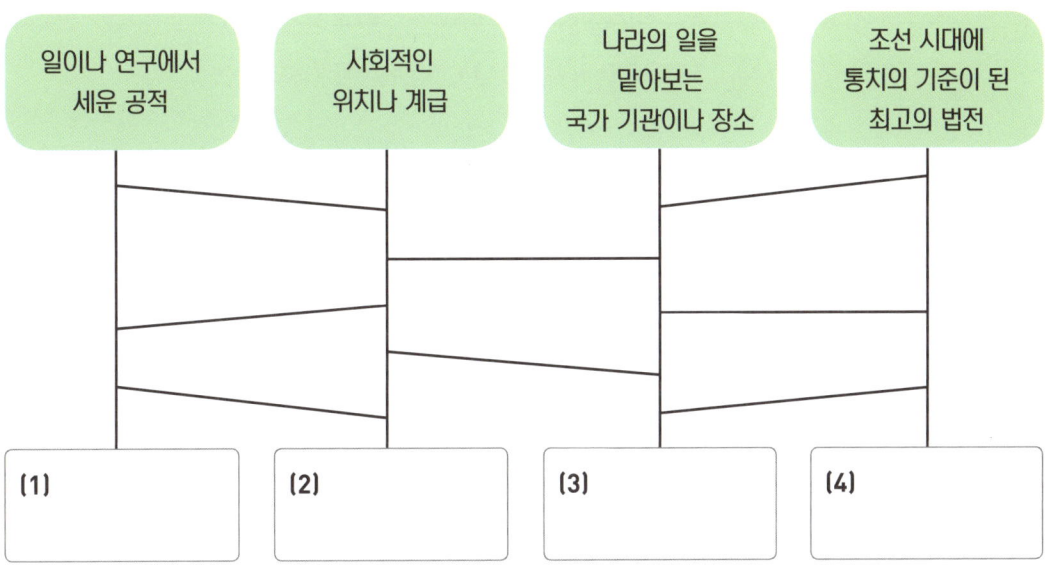

3 생각 펼치기: 내가 세종대왕 시기의 관리였다면?

Q 세종대왕은 다양한 분야에서 나라의 발전과 백성을 위해 많은 일을 했어요. 내가 세종대왕 시기의 관리였다면 나라와 백성을 위해 어떤 일을 했을 것 같나요?

A 제가 세종대왕 시기의 관리였다면, (____)번 (_____)에 힘썼을 거예요.

① **국방 강화**: 나라의 경계를 세우고 백성을 바깥의 침입으로부터 보호하는 것

② **학문 연구**: 공부를 열심히 해서 나라를 위한 새로운 제도를 만드는 것

③ **과학 기술 연구**: 하늘과 별의 움직임을 관찰하거나 날씨를 연구하고 발명품을 만드는 것

④ **다양한 책 만들기**: 농사, 종교, 예술 등 다양한 분야의 책들을 백성이 읽기 쉽게 만들어 널리 보급하는 것

그 이유는 (_____)이에요.

사회 25

| 선사 | 고대 | 고려 | 조선 | 근대 | **일제 강점기** | 현대 |

칼을 찬 선생님이 학교에 왔어요

🔑 **keyword 찾아보기!** 일제 강점기, 보통학교, 소학교, 일본어, 제복, 독립

안녕하세요. 일제 강점기로 시간 여행을 온 기자 나대한입니다. 사진은 1919년 어느 학교의 졸업 사진 모습인데요. 딱딱하고 경직된 느낌으로 지금의 학교와는 조금 달라보입니다. 왜 그런지 등교하고 있는 학생을 인터뷰해 보겠습니다.

[출처: 국립민속박물관]
▲ 보통학교 졸업 기념 사진

Q 안녕하세요! 자기소개 부탁드려요.
A 안녕하세요. 저는 보통학교에 다니고 있는 이갑돌이에요.

Q 보통학교라면 훗날의 초등학교이군요. 학교생활은 어떤가요?
A 일단 학교에 다니려면 우리는 돈을 내야 해요. 그리고 한국인이 다니는 보통학교는 4학년까지인데, 일본인이 다니는 소학교는 6학년까지 있대요. 게다가 전에는 국어 시간에 우리 말과 우리 글을 배웠는데, 이제는 일본어를 국어로 배워야 해요. 국사도 일본의 역사로 배우고 있고요. 여기가 조선인지 일본인지 모르겠어요.

Q 혹시 사진의 맨 앞줄에 앉아 계신 분들은 누구신가요?
A 그분들은 선생님들이세요. 군인처럼 제복을 입고 칼을 들고 계셔서 잘못하면 크게 혼이 날까 너무 무서워요.

Q 미래의 학생들에게 해 주고 싶은 말이 있나요?
A 지금은 일본에 나라를 빼앗겨서 많은 어려움을 겪고 있는데요, 미래의 학생들은 독립한 나라에서 자유롭고 즐겁게 학교생활을 하고 있길 바라요.

더 알아보기
'독립만세'를 외친 학생 독립운동가

1910년 일본은 우리나라를 점령하면서 무자비하게 통치했어요. 분노한 한국인들은 1919년 3월 1일 일본에 저항한다는 뜻을 담아 전국적으로 독립 만세 운동을 일으켰어요. 태극기를 나눠주며 만세 시위를 한 18세 유관순, 서울에서 '독립만세'를 외친 15세 소은명 등 수많은 10대 독립운동가들도 나라를 위해 일본에 맞섰답니다. 학생 독립운동가들이 꿈꾼 자유로운 대한민국은 어떤 모습이었을까요?

▲ 유관순   ▲ 소은명

일제 강점기: 일본에게 나라를 빼앗긴 시기
보통학교: 일제 강점기에 우리나라 사람들에게 초등 교육을 하던 학교, 처음에는 4년제였으나 6년제로 바뀜
훗날: 시간이 지나 뒤에 올 날
제복: 학교나 회사에서 정해진 규칙에 따라 입도록 한 옷
점령: 다른 나라의 땅을 차지해 자기 마음대로 다스림
통치: 나라나 지역을 다스림

문해력쑥쑥 빈칸 채우기

(1) 1910년대 일제 강점기 한국인이 다니는 초등학교는 _____ 이다.

(2) 보통학교에서 배우는 국사는 _____ 이다.

(3) 1910년대 보통학교의 선생님은 ___ 을 찼다.

1 일제 강점기 보통학교 교과서 살펴보기

Q 일제 강점기 보통학교 국어 교과서의 '국어'는 한국어와 일본어 중 어느 것일까요?

國 : 나라 국
語 : 말씀 어

국어: 우리나라 언어

A

힌트 펼쳐진 국어 교과서에 한국어가 쓰여 있나요?

[출처: 국립민속박물관]

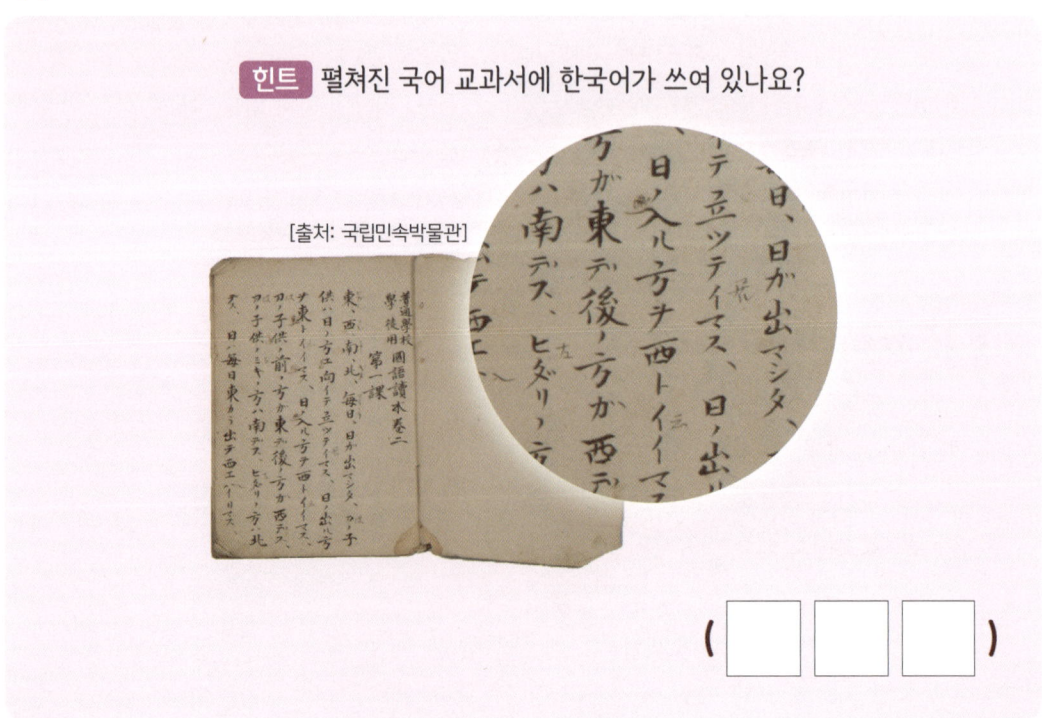

(□□□)

2 초성 퀴즈

Q 문장을 읽으며 네모 칸 안에 있는 초성 퀴즈를 풀어 보세요.

(1) 1910년대 일제 강점기 ㅅ ㅎ ㄱ 는 일본인 학생들이 다니는 학교였다.

(2) 1910년대 보통학교의 선생님은 군인처럼 ㅈ ㅂ 을 입었다.

(3) 1919년 3월 1일 많은 ㄷ ㄹ ㅇ ㄷ 가들이 '독립만세'를 외쳤다.

3 생각 펼치기: 나는 독립운동에 참여했을까?

Q 내가 일제 강점기에 태어났다면, 독립운동에 참여했을 것 같나요? 만약에 참여했다면, 어떤 방법으로 독립운동을 했을 것 같나요?

A 제가 일제 강점기에 태어났다면, 독립운동에 참여를 (했을 / 안 했을) 거예요. 그 이유는

(_____) 때문이에요.

만약 독립운동에 참여한다면, (____)번의 방법으로 할 거예요.

① **애국 계몽 운동**: 아는 것이 힘! 민족의 실력을 키워서 일본에 맞서자!

② **국산품 애용 운동**: 우리나라가 만든 물건을 많이 사용해서 우리 스스로 경제를 되살리자!

③ **무장투쟁**: 총, 칼, 폭탄을 이용해 무력으로 일본에 맞서자!

④ **우리말 지키기**: 우리말과 우리글을 지키기는 활동을 해서 일본에 맞서자!

선사　고대　고려　조선　근대　**일제 강점기**　현대

지금의 북촌 한옥마을을 있게 한 건축왕 정세권

🔑 keyword 찾아보기!　일제 강점기, 조선 물산 장려 운동, 정세권, 한옥, 북촌

안녕하세요. 일제 강점기 당시 일본에 나라를 빼앗긴 상황에서도 한옥을 많이 지어 나라를 지키고자 노력한 분이 계시다고 하는데요? 어떤 분일지 일제 강점기로 시간 여행을 떠나 인터뷰를 해 보겠습니다!

Q 안녕하세요! 자기소개 부탁드려요.

A 건양사(建陽社)라는 회사를 운영하는 사업가 '정세권' 이라 하오. 건양사는 집을 짓거나 주택단지를 개발하는 건축 회사라오. 조선의 집인 한옥을 경성(지금의 서울)에 많이 짓는 것이 나의 목표라오.

Q 한옥을 많이 짓고자 하신 이유가 무엇인가요? 돈을 많이 벌 수 있었나요?

A 사업가이니 돈을 버는 것도 중요하지만 조선의 정신을 지키는 것이 더 중요했소. 경성 곳곳에 일본식 가옥이 늘고 한옥이 줄어가는 게 몹시 안타까워 북촌, 익선동, 혜화동 등에 한옥 단지를 개발해서 우리 민족에게 한옥을 싼 값에 공급했소. 조선 사람들이 자신의 모습과 문화를 지키며 살아가길 바랐고, 그것이 독립으로 가는 길이라 믿었다오.

Q 그래서 선생님께서 '건축왕 정세권' 이라고 불리는군요. 일제의 위협은 없었나요?

A 나는 일전에도 조선 물산 장려 운동이나 신간회 설립에 참여를 했소. 또한, 우리말을 지키는 조선어 학회를 도와 『조선말 큰사전』이 편찬될 수 있도록 힘을 실었지요. 그러다가 1942년 일본에 체포되어 모진 고문을 받고, 재산을 일제에 빼앗기기도 했지만 후회는 없다오.

더 알아보기
정세권과 조선어 학회

일제 강점기 당시 일본 제국주의에 맞서 우리말을 지키기 위해 노력한 사람들이 있었어요. 우리말을 연구하는 일, 특히 『조선말 큰사전』을 펴내는 작업이 대표적인 활동이었어요. 그 단체가 바로 '조선어 학회'예요. 정세권은 이들에게 연구 장소로 활용할 수 있는 건물을 제공하는 등 든든한 지원을 아끼지 않았어요. 일제는 '조선어 학회 사건(1942)'을 일으켜 이러한 활동과 관련된 사람들을 탄압했어요. 이 과정에서 정세권도 경찰서에 끌려가 조사를 받는 등 고통을 겪었지요.

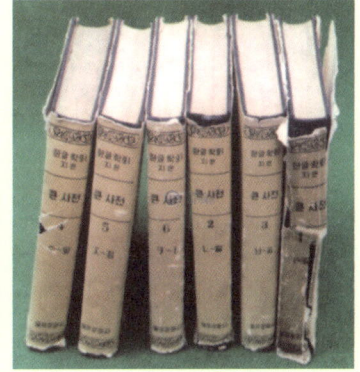
[출처: 국가 기록원]
▲ 『조선말 큰사전』

어휘쏙쏙

가옥: 집을 이르는 말
공급: 교환 또는 판매를 목적으로 상품을 제공하는 것
조선 물산 장려 운동: 일제 강점기에 우리 민족의 경제를 위해 국산품을 사용하자는 운동

신간회: 일제 강점기에 서로 다른 사상을 가진 독립운동가들이 하나가 되어 만든 독립운동 단체
탄압: 강제로 억눌려 뜻한 대로 못하게 괴롭히는 것

 옳은 단어 고르기

(1) 우리 민족 고유의 집을 (한옥 / 양옥)이라고 불렀다.

(2) 정세권은 한옥을 많이 짓고 (값싼 / 비싼) 가격에 공급했다.

(3) 정세권은 한옥을 짓는 것을 (돈을 많이 벌기 위한 / 독립운동을 위한) 일로 여겼다.

1 정세권이 지은 도시형 한옥(개량 한옥)

Q 이 사진은 1951년의 서울 한옥마을을 하늘에서 찍은 것으로, 정세권이 지은 도시형 한옥의 모습을 볼 수 있어요. 흔히 한옥의 모양을 한글에 비유하여 ㄱ, ㄷ, ㅁ자 집이라고들 하는데요, 여러분이 본 정세권의 도시형 한옥은 한글 자음 중 어떤 모양과 닮아 있나요?

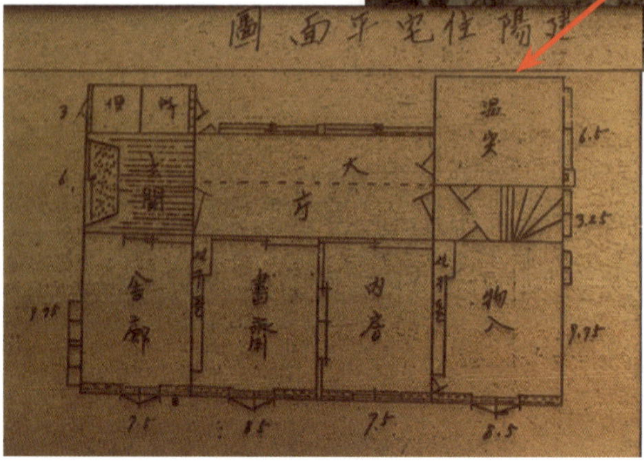

> 이 한옥들은 도시형 한옥이라고 불리는 집일세. 전통 한옥과 달리 마당을 줄인 자리에 방들을 효율적으로 배치했지. 그래서 작은 땅에 한옥 여러 채를 지을 수 있었다오.

A

힌트 한글 자음은 'ㄱ, ㄴ, ㄷ, ㄹ, ㅁ, ㅂ, ㅅ, ㅇ, ㅈ, ㅊ, ㅋ, ㅌ, ㅍ, ㅎ'가 있어요.

자음 (　　　　) 모양

2 내가 만드는 핵심 문장!

Q 보기에 있는 단어를 모두 사용해서 문장을 만들어 보세요.

> **보기** 일제 강점기, 한옥, 정세권, 『조선말 큰사전』

3 생각 펼치기: 정세권의 생각 들여다보기

Q 정세권은 충분히 부유하고 여유롭게 살 수 있는 위치에 있었어요. 그러나 한옥을 짓고 독립운동을 돕는 것에 자신의 재산을 사용한 이유는 무엇이었을까요? 그 이유를 '노블리스 오블리주'라는 단어를 사용해 설명해 보세요.

> 노블리스 오블리주(Noblesse oblige, '사회 지도층의 의무'라는 뜻)
> 부와 권력을 가진 사람들은 그 힘에 맞게 사회나 공동체에 대해 책임을 다해야 한다.

A 정세권의 실천은 노블리스 오블리주의 사례라고 볼 수 있어요. 그 이유는 (_____

_____

_____)이에요.

사회 33

선사   고대   고려   조선   근대   일제 강점기   **현대**

광주에서 열린 영혼 결혼식

🔑 keyword 찾아보기! 들불야학, 5·18 민주화 운동, 시민군, 노동운동

1982년 2월 20일 광주 망월동 시립 묘지에서 결혼식이 열렸어요. 결혼식장이 묘지라니, 정말 이상합니다. 그런데 이상한 점이 한두 가지가 아니에요. 식장을 장식하는 예쁜 꽃, 우아한 음악, 축하해 주는 사람들, 사회와 주례, 신랑·신부의 행진도 없는 조용한 결혼식이거든요.

이 이상한 결혼식의 주인공은 신랑 윤상원, 신부 박기순입니다. 두 사람은 70년대 후반 '들불야학' 강사로 활동하다 만났으며 같은 대학 출신이었어요. 윤상원은 1980년 5·18 민주화 운동 당시 고립된 광주에서 진실을 알리던 시민군 대변인 활동을 하다 목숨을 잃었고, 박기순은 노동운동을 하며 노동자 야학인 '들불야학'을 운영하다가 1978년 불의의 사고로 목숨을 잃었어요. 이 결혼식은 세상을 떠난 두 사람의 영혼 결혼식인 것이지요. 뜻을 채 펴지도 못하고 젊은 나이에 목숨을 잃은 두 사람을 영혼이나마 영원히 함께할 수 있도록 맺어 준 것이에요.

▲ 5·18 민주화 운동

이 영혼 결혼식에 헌정된 노래가 바로 '임을 위한 행진곡'이랍니다. 민주주의를 위해 싸우다 돌아가신 분들에 대한 존경의 의미를 담고 있고, 민주주의의 뜻을 이어받을 현재의 사람들에게 용기를 주는 곡이지요.

더 알아보기

5·18 민주화 운동

1979년 박정희 대통령이 사망한 후, 혼란한 나라를 바로잡겠다며 군인들이 병력을 이끌고 정권을 장악했어요. 이를 반대하는 목소리가 커지자 1980년, 신군부는 전국에 '비상계엄령'을 내려 사람들이 모이지 못하게 하고, 권력을 잡은 군인들에 반대하는 사람들을 잡아들였어요. 1980년 5월 18일, 시위를 위해 모인 광주 시민들을 군인들이 폭력적으로 진압했어요. 이에 분노한 광주 시민들은 시민군을 조직해 맞섰지만 결국 계엄군에 진압되고 말았지요. 하지만 민주주의를 지키기 위해 부당한 상황에 맞선 광주 시민들의 용기는 아직도 우리에게 많은 울림을 주고 있어요.

▲ 전남대에서 대치 중인 학생과 계엄군

어휘 쏙쏙

시민군: 시민으로 구성된 군대
대변인: 사람이나 단체를 대신해 의견을 말하는 일을 맡은 사람
노동운동: 노동자들이 사회·경제적 지위와 노동환경을 개선하기 위해 펼치는 활동

야학: '야간 학교'의 줄임말
헌정: 물건 따위를 다른 사람에게 올리는 (주는) 것
계엄: 군사적 필요나 사회의 질서 유지를 위해 일정한 지역을 군대가 맡아 다스리는 일

 옳은 단어 고르기

(1) 윤상원은 (시민군 / 군인)의 대변인 역할을 했어요.

(2) '임을 위한 행진곡'은 윤상원, 박기순의 영혼 결혼식에 (헌정 / 판매)된 곡이에요.

(3) 1980년 5월 광주는 (경찰 / 계엄군)이 질서를 유지하고 있었어요.

1 투사회보 살펴보기

Q 5·18 민주화 운동 때 들불야학에서 시민들에게 진실을 알리기 위해 제작했던 투사회보를 살펴보며, 초성 퀴즈를 풀어 보세요.

[출처: 5·18기념재단]

(1) (ㅍ ㅎ)롭게 문제를 해결하기 위해 광주의 주요 지도자들이 계엄사령부에 방문했어요.

일반 (2) (ㅅ ㅁ)들과 (3) (ㅎ ㅅ)들이 자율적으로 참여했어요.

학생들의 무기 소지를 금지하는 등 (4) (ㅈ ㅅ)유지를 위해 노력했어요.

계엄령 해제와 구속중인 학생, (5) (ㅁ ㅈ) 인사 석방을 요구했어요.

▲ 재현된 투사회보

A

(1) (☐☐)   (2) (☐☐)   (3) (☐☐)

(4) (☐☐)   (5) (☐☐)

2 가로 세로 퀴즈

Q 가로, 세로 퀴즈를 풀고 빈칸을 채워 보세요.

가로 퀴즈	세로 퀴즈
1 사람이나 단체를 대신해 의견을 말하는 사람	3 고등학교를 졸업하면 갈 수 있는 학교
2 5월 18일은 5·18 ☐☐☐☐ 기념일이에요.	4 노동환경을 개선하기 위한 노동자들의 활동

3 생각 펼치기: 내가 1980년의 광주 시민이었다면?

Q 내가 1980년 5월 광주 시민이었다면, 어떻게 행동했을 것 같나요? 그 이유는 무엇인가요?

A 제가 1980년 5월 광주의 시민이었다면, (____)번처럼 행동했을 거예요. 그 이유는 (_____)이에요.

① **시민군에 참여**: 계엄군에 맞서기 위해 무기를 갖추고 광주 시민들을 지킬 것이다.

② **주먹밥 만들기**: 비상계엄으로 광주 밖을 오갈 수 없어 먹을 것이 부족하니 가지고 있는 음식으로 주먹밥을 만들어 나누어 줄 것이다.

③ **널리 알리기**: 광주의 상황을 국내외 사람들에게 널리 알려 잘못되었음을 느끼게 하고 기록해서 역사에 남길 것이다.

1 서대문형무소역사관

탐방 서대문 형무소는 어떤 곳일까?

서대문 형무소는 대한 제국 말기인 1908년에 일본에 의해 '경성 감옥'이라는 이름으로 문을 연 전국 최대 규모의 근대식 감옥이었어요. 경성 감옥은 이후 여러 차례 이름이 바뀌면서 '서대문 형무소'가 되어 1945년 해방까지 식민지 감옥으로 운영되었어요. 1930년대에는 처음보다 30여 배 이상 규모가 확대되었는데, 그만큼 많은 항일 독립운동가들이 잡혀 왔기 때문이에요. 서대문형무소역사관에 방문하여 독립운동가들의 흔적을 찾고, 일제 강점기 당시 나라를 지키고자 했던 우리 민족의 투지와 아픈 역사에 대해 생각해 보는 건 어떨까요?

서대문형무소역사관 바로가기! ▶

활동 감옥에서 어떻게 독립운동을 할 수 있었을까요?

▲ 서대문 형무소 옥사

[출처: 국가유산포털]

서대문 형무소에서는 독립운동가들이 구금 중에도 독립운동을 했다고 전해져요. 일본 간수들이 수감자들끼리 대화도 하지 못하도록 감시했는데 어떻게 독립운동을 할 수 있었을까요? 바로 '타벽통보법'이라는 일종의 암호로 벽을 두드려 소통했답니다. 독립운동가 김정련 선생님이 안창호 선생님과 의사소통하기 위해 타벽통보법을 사용한 일화를 서대문 형무소 역사관 11~12 옥사에 재현해 놓았으니 찾아보세요! 이외에도 다양한 프로그램을 운영하고 있으니 가족과 함께 참여해 보세요!

단원마무리

2 5·18 민주화 운동 기록관

 **탐방** 5·18 민주화 운동에 대해 더 알고 싶다면?

5·18 민주화 운동의 진실은 권력을 잡은 사람들이 일어난 일을 숨기려고 언론을 통제해 가려질 뻔했어요. 하지만 당시의 기록이 알려지면서 진실이 밝혀졌어요. 그리고 그 기록들은 유네스코 세계 기록유산에 등재되었답니다. 5·18 민주화 운동 당시 광주에서 벌어졌던 일들을 기록한 사진, 재판자료 등을 모아 관리하고 보존하는 5·18 민주화 운동 기록관을 찾아 우리나라가 어떻게 지금의 민주주의 국가가 되었는지 알아보는 것은 어떨까요?

[출처: 공유마당]

▲ 5·18 민주화 운동 기록관

5·18 민주화 운동 기록관 바로가기! ▶

 **활동** 오일팔 닷컴

[출처: 국가유산청]

▲ 옛 전남도청

5·18 민주화 운동을 학생들에게 알리기 위해 광주 지역 선생님들이 모여 모바일 방탈출 게임을 제작했어요. 실제 광주를 돌아다니며 게임을 즐길 수 있으니 한번 플레이해 보세요! 게임을 통해 시민군이 마지막까지 계엄군에 맞서 싸웠던 옛 전남도청을 비롯한 5·18 민주화 운동과 관련된 장소들에 대해 알아갈 수 있답니다.

오일팔 닷컴 바로가기! ▶

사회 39

PART 2

문화

01 선사 끝이 뾰족하지 않은 빗살무늬 토기도 있다

02 고대 일본 게임에 등장한 백제의 칼

03 고려 고려 시대 난파선, 주꾸미 덕분에 발견되다

04 조선 기록의 나라 조선, 알리지 말라는 왕의 말까지 그대로 기록했어요

05 조선 조선 후기 서민들이 즐긴 문화 생활은?

06 일제 강점기 몸뻬 바지, 우스꽝스럽지만은 않아요

선사 고대 고려 조선 근대 일제 강점기 현대

끝이 뾰족하지 않은 빗살무늬 토기도 있다

🔑 keyword 찾아보기! 빗살무늬 토기, 유물, 신석기, 뾰족, 납작, 평평

　빗살무늬 토기는 아주 오래된 유물 중 하나로, 신석기 시대 사람들이 곡식을 보관하거나 요리할 때 사용한 그릇이에요. 흙을 반죽해 그릇을 만든 다음, 나무 막대 같은 도구로 빗살 모양의 무늬를 표면에 새겼어요. 이렇게 만든 그릇을 불에 구워서 단단하게 만들었지요.

▲ 바닥이 뾰족한 빗살무늬 토기

　빗살무늬 토기에 대해 조금 더 알아보자면, '빗살무늬'라는 이름은 머리를 빗는 빗의 살로 새긴 무늬가 있어 붙여진 이름이에요. 그리고 빗살무늬 토기는 땅에 꽂아 놓기 좋게 바닥을 뾰족하게 만든 형태로 많이 알려져 있어요.

　하지만 오늘 이야기할 빗살무늬 토기는 조금 특별해요. 왜냐하면 이 토기는 모양이 둥글둥글하면서 납작한 바닥을 가지고 있거든요. 납작한 바닥의 토기는 바닥이 뾰족한 토기와는 다르게 평평한 곳에 올려놓기 쉬웠답니다. 같은 빗살무늬 토기여도 이렇게 모양이 제각각이었던 이유는 지역마다 사투리가 있는 것처럼 토기도 만드는 지역에 따라 조금씩 모양이 다르기 때문이에요.

▲ 바닥이 평평한 빗살무늬 토기

　빗살무늬 토기는 단순히 음식을 담는 그릇이 아니었어요. 당시 사람들에게는 아주 소중한 생활 도구였답니다. 옛날 사람들의 지혜와 생활, 예술성까지 엿볼 수 있는 멋진 유물이죠!

　국립중앙박물관 등의 여러 박물관에서 빗살무늬 토기를 만나 볼 수 있어요. 토기를 직접 만나보면, 토기 속에 담긴 옛날 사람들의 이야기가 여러분에게도 전해질 거예요!

더 알아보기
빗살무늬 토기에는 무엇을 담았을까?

신석기 시대에는 사람들이 처음으로 농사를 짓기 시작했어요. 동물을 사냥하고 야생 식물을 채집하던 것과 완전히 다른 새로운 생활 양식을 만들어 냈기에 이러한 위대한 발전을 신석기 **혁명**이라고도 부른답니다. 조, 피, 수수 같은 **잡곡**을 작은 밭에서 키우며 식량을 생산했지만, 밭농사만으로는 충분하지 않았어요. 그래서 신석기 시대 사람들은 여전히 사냥과 물고기 잡이, **채집**을 통해 자연에서 식량을 얻었답니다. 이렇게 얻은 식량을 보관하거나 요리할 때 사용된 그릇이 바로 빗살무늬 토기였어요. 빗살무늬 토기는 잡곡이나 말린 고기, 열매 등을 담아두기에 적합했어요. 빗살무늬 토기는 당시 사람들에게 꼭 필요한 생활 도구였으며, 식량을 안전하게 보관하는 데 큰 역할을 했답니다.

유물: 아주 오래된 시대에 사람들이 사용했던 물건이나 도구
표면: 사물의 가장 바깥쪽
혁명: 기존의 생활 방식이나 사회 제도가 새롭게 바뀌는 것
잡곡: 쌀 이외의 모든 곡식
채집: 자연에서 열매 등을 찾아서 모으는 활동

 옳은 단어 고르기

(1) 빗살무늬 토기는 (신석기 시대 / 현대)에 사용되었던 그릇이다.

(2) 신석기 시대 사람들은 (토기 / 금속)으/로 만든 그릇을 사용했다.

(3) 빗살무늬 토기는 (음식 / 책)을 보관하거나 요리할 때 사용되었다.

1 상상해 보기: 반구대 암각화 속 이야기

Q 반구대 암각화에는 신석기 시대 사람들이 무언가를 하고 있는 모습이 새겨져 있어요. 이 사진을 보며 사람들이 무엇을 하고 있는지 상상해 보세요.

▲ 반구대 암각화와 탁본

A

힌트 사용한 도구는 물고기를 찔러서 잡는 뾰족한 물건이에요.

(1) 하는 일	
(2) 사용한 도구	
(3) 왜 하고 있을까?	

2 숨은 단어를 찾아라!

Q 주제와 관련된 단어들을 찾아 보세요.

주제 신석기 시대

밧	산	망	사	모	시	빗
신	토	자	선	남	살	마
투	석	대	채	무	미	설
개	속	기	늬	집	누	란

3 생각 펼치기: 나만의 신석기 시대 토기 상상하기

Q 여러분이 신석기 시대에 살았다면, 끝이 뾰족하지 않은 빗살무늬 토기를 어떻게 사용했을지 상상하며 그려 보고 그 이유를 적어 보세요.

A 제가 신석기 시대에 살았다면, 이 빗살무늬 토기를 (_____)에

놓고, (_____)을/를 담아두었을 것 같아요. 그 이유는

(_____) 때문이에요.

문화 45

| 선사 | **고대** | 고려 | 조선 | 근대 | 일제 강점기 | 현대 |

일본 게임에 등장한 백제의 칼

🔑 keyword 찾아보기! 칠지도, 백제, 일본, 나뭇가지 모양, 외교 관계

　혹시 '별의 커비'라는 게임에서 캐릭터가 들고 있는 독특한 모양의 칼을 본 적이 있나요? 그 칼은 '칠지도'라고 불리며, 백제에서 만들어진 아주 오래된 칼이에요. 칠지도는 백제에서 만들어졌지만, 일본에서 발견되었고 지금도 일본의 게임과 애니메이션에서 자주 등장하는 중요한 소재로 사용되고 있어요.

　칠지도는 철로 만들어졌고, 양쪽에 6개, 가운데에 1개로 총 7개의 나뭇가지 모양의 날이 뻗어 있는 독특한 형태를 가지고 있어요. 일반적인 칼과는 많이 다르게 생겨서 처음에는 이 칼이 어떤 목적으로 쓰였는지 알기 어려웠죠. 그런데 칼에 새겨진 글씨를 해석해 보니, 백제의 왕세자가 일본의 왕에게 선물로 준 칼이라는 주장이 가장 설득력 있는 의견이 되었어요. 이처럼 칠지도는 백제와 일본의 외교 관계를 상징하는 중요한 유물로 오늘날에도 큰 영향을 주고 있어요.

　칠지도가 일본의 게임과 애니메이션에서 자주 등장하는 이유는 이 칼이 일본에서 단순한 무기가 아닌, 신비로운 힘을 가진 강력한 유물로 여겨지고 있기 때문은 아닐까요?

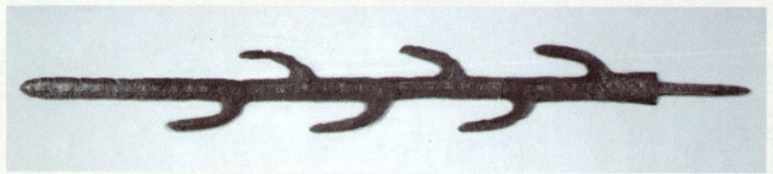

▲ 칠지도

칠지도로 알 수 있는 백제와 일본의 관계

칠지도는 4세기 정도에 백제에서 만들어진 칼이에요. 4세기면 21세기인 지금으로부터 아주 아주 먼 옛날에 만들어진 물건이라는 걸 알 수 있겠죠? 오래된 만큼 기록이 많이 남아 있지는 않지만, 그럼에도 칠지도를 통해 알 수 있는 것은 백제와 일본이 매우 친밀한 **동맹** 관계였다는 점이에요. 칼을 주고받는 **교류**를 했던 사이니까요. 백제가 신라와 당에 의해 멸망할 때도, 일본은 백제를 도와주려고 했다는 점에서 두 나라의 끈끈한 우정을 엿볼 수 있답니다.

해석: 어떤 사물이나 글, 행동의 의미를 풀어 이해하고 설명하는 것

외교: 나라와 나라 사이에 교류를 통해 관계를 맺고 유지하는 활동

동맹: 국가 간에 서로 협력하고 돕기로 약속한 관계

교류: 사람이나 나라 사이에 서로 주고받으며 관계를 유지하는 것

문해력 쑥쑥 빈칸 채우기

(1) 일본의 게임에서 사용되는 칠지도는 ☐ 라는 나라가 만든 칼이다.

(2) 칠지도는 총 ☐ 개의 칼날을 가지고 있다.

(3) 칠지도에 새겨진 글을 해석해 보니 칠지도는 ☐ 가 ☐ 에게 선물한 것이다.

생각해요

1 암호 해독하기

Q 칠지도에 적힌 글은 무엇을 의미할까요? 자신의 생각을 적어 보세요.

<앞면>
백 번이나 단련한 강철로 칠지도를 만들었다.
이 칼은 온갖 적병을 물리칠 수 있으니, 제후국의 왕에게 나누어 줄만하다.····

<뒷면>
지금까지 이러한 칼은 없었는데, 백제 왕세자 기생성음이 일부러 왜왕 지(旨)를 위해 만들었으니 후세에 전하여 보이라.

A

힌트 제후국이란 신하의 나라를 의미해요.

2 O / X 퀴즈

Q 다음 문장을 읽고 맞으면 O, 틀리면 X에 표시하세요.

(1) 칠지도는 백제에서 만든 지도이다.   O X

(2) 칠지도는 일본에서 만들어졌다.   O X

(3) 칠지도를 만든 이유는 칠지도에 적혀 있는 글자를 통해 추측할 수 있다.   O X

(4) 칠지도를 통해 백제와 일본의 동맹 관계를 알 수 있다.   O X

(5) 칠지도를 실제로 전투에서 사용했다는 내용이 있다.   O X

3 생각 펼치기: 우리나라 유물이 게임에 등장한다면?

Q 내가 알고 있는 우리나라 유물 중에 게임에 등장시키고 싶은 것이 있나요? 있다면 어떤 유물이 어떤 용도로 사용되게 하고 싶은가요?

A 저는 (_____)이/가 게임 속에 등장했으면 좋겠어요.

그 이유는 (_____) 때문이에요.

그래서 캐릭터가 (_____)을/를 (_____

_____) 용도로 사용하게 하고 싶어요.

문화 49

선사   고대   **고려**   조선   근대   일제 강점기   현대

고려 시대 난파선, 주꾸미 덕분에 발견되다

🔑 keyword 찾아보기!   주꾸미, 고려청자, 태안선, 목간

2007년 충남 태안 앞바다에서 한 어부가 우연히 주꾸미에 딸려 온 고려청자 몇 점을 발견했어요. 어부는 바로 문화재 발견 신고를 했고, 곧바로 수중 탐사팀이 출동했어요. 수중 탐사팀이 조사한 결과, 주꾸미가 발견된 바다 아래에 고려 시대 때 난파된 배가 있었고, 그 안에 고려청자가 가득 담겨 있다는 사실이 드러났어요.

[출처: 국립해양유산연구소]

이 배를 '태안선'이라고 부르게 되었고, 청자와 함께 발견된 목간을 통해 태안선이 고려 시대에 전남 강진에서 청자들을 싣고 수도(지금의 개성) 개경으로 향하던 중 침몰된 것으로 추측하고 있어요. 청자들은 짚이나 갈대잎으로 포장되어 있었고, 나무 쐐기로 고정되어 있었기 때문에 대부분 깨지지 않은 채 온전히 발견될 수 있었어요.

▲ 청자 사자형 뚜껑 향로

이 배가 발견된 충남 태안의 마도 지역은 호남 지방의 물자들을 지금의 서울이나 개성에 운반하기 위해 꼭 지나야 하는 길목이었어요. 그렇지만 물살이 빨랐기 때문에 난파선이 많았답니다. 다음에 발견될 배는 과연 어느 시대의 것이며, 그 안에서 어떤 위대한 유물이 발견될까요?

마도 1호선에서 발견된 상감 청자

2009년부터 발굴된 마도 1·2·3호선은 고려 시대에 곡물을 운반하는 배였어요. 1·2·3호선 중에서도 1호선에서는 상감 청자가 나왔어요. 상감 청자는 상감 기법이라는 고려만의 독창적인 기술로 만들어진 청자랍니다. 상감 기법은 바탕흙에 무늬를 새기고, 무늬를 새긴 자리에 다른 색의 흙을 메운 후 가마에 구워내는 정교한 제작 방식이에요. 상감 청자에는 학, 연꽃, 포도, 봉황 등의 무늬를 새겼어요. 학은 장수와 고귀함을, 연꽃은 순수함과 깨달음을, 포도는 다산과 풍요를, 봉황은 평화와 번영을 뜻한답니다. 여러분이라면 어떤 무늬를 청자에 새기고 싶나요?

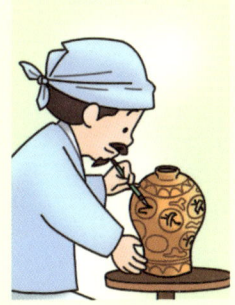

어휘 쑥쑥

탐사: 잘 알려지지 않는 사물을 살펴서 조사함
난파: 배가 폭풍우 등으로 부서짐
추측: 미루어 생각함

쐐기: 물건과 물건 사이의 틈에 박아서 고정시키는 장치
운반: 물건 등을 옮겨 나름

 빈칸 채우기

(1) 주꾸미에 의해 태안에서 발견된 고려 시대 난파선을 ⬜ 이라고 부르게 되었다.

(2) 고려만의 독창적인 기술로 만들어 진 청자는 ⬜ 청자이다.

(3) 청자 무늬 중에 다산과 풍요를 나타내는 것은 ⬜ 무늬이다.

1 생각 펼치기: 난파선 유물 그려보기

Q 충남 태안을 비롯한 서해안에서는 고려청자 등 각종 유물들이 담긴 난파선이 다수 발견되었어요. 다음에 또 다른 배가 발굴된다면, 과연 그 배에는 어떤 유물들이 있을지 그림으로 직접 표현하고 글로 적어 보세요.

A 배에서 발견될 것 같은 유물로는 (_____

_____)이/가 있어요.

2 사다리 타기 퀴즈

Q 사다리를 타고 내려 간 곳에 각 청자에 새겨진 무늬의 이름을 써 보세요.

[출처: 국립중앙박물관]

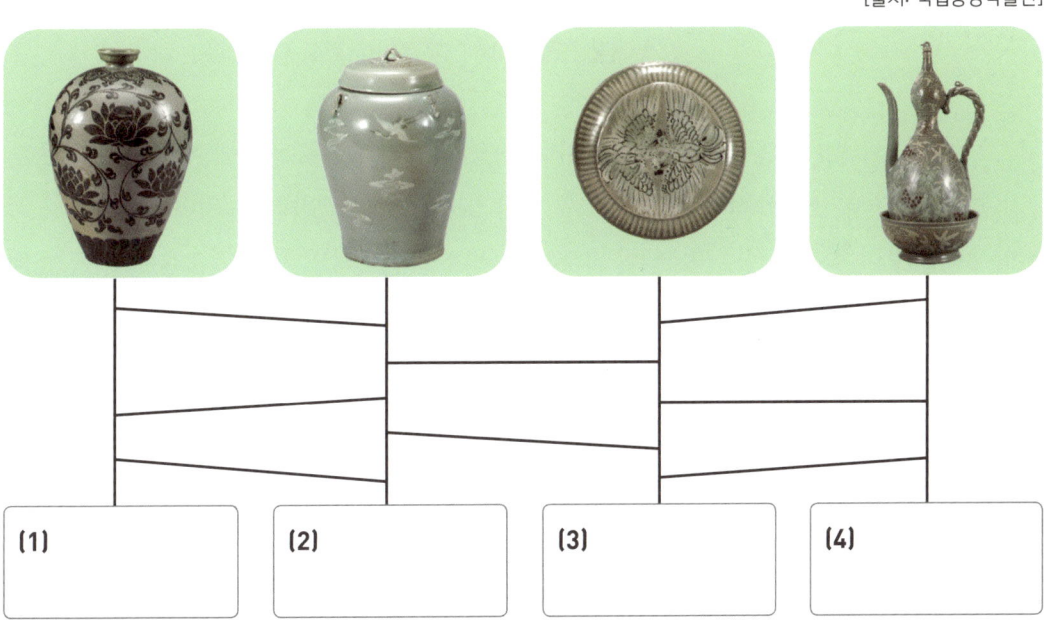

(1)　　　(2)　　　(3)　　　(4)

3 생각 펼치기: 고려청자의 우수성 알리기

Q 고려청자는 고려를 방문했던 송나라의 사신이 칭찬한 것처럼 그 당시에도 문화적인 우수성을 인정받았답니다. 여러분이라면 고려청자를 어떻게 소개할지 글을 써 보세요.

고려청자의 **빛깔이 푸른 것**을 고려 사람들은 **비색**이라고 한다. 최근 들어 만드는 솜씨와 빛깔이 더욱 좋아졌다.
— 송나라 사신이 고려청자를 소개한 글(『고려도경』) —

A 저는 고려청자를 (_____

_____) 소개할 거예요.

선사　　고대　　고려　　**조선**　　근대　　일제 강점기　　현대

기록의 나라 조선, 알리지 말라는 왕의 말까지 그대로 기록했어요

 keyword 찾아보기!　　조선 시대, 기록, 역사책, 『조선왕조실록』, 태종, 사관

　조선은 기록을 매우 중요하게 여긴 나라였어요. 다양한 일들을 꼼꼼하게 기록으로 남겼고, 덕분에 우리는 조선의 정치, 문화, 사회를 깊이 있게 이해할 수 있게 되었답니다.

　이를 보여 주는 조선의 역사책이 바로 『조선왕조실록』이에요. 『조선왕조실록』은 조선 제1대 왕 태조부터 제25대 왕 철종까지 472년간의 역사를 빠짐없이 기록했고 총 1,893권이 있다고 해요. 실록을 모두 쌓으면 높이가 얼마나 될지 상상이 되나요? 한 권의 두께가 1.7 cm 정도이고 모두 쌓으면 아파트 12층 정도 된다고 하니 엄청나죠?

　그렇다면 실록에는 왕의 좋은 모습, 좋은 일만 기록했을까요? 『태종실록』에 적혀 있는 철의 군주 태종에 대한 재미있는 이야기를 통해 확인해 볼까요? 사냥 중 말에서 떨어진 태종은 사관이 알게 하지 말라고 지시했지만, 사관은 태종이 말에서 떨어진 사실 뿐 아니라, 알게 하지 말라고 한 지시까지 기록에 남겼어요.

　조선 시대의 사관은 왕의 곁에서 모든 일을 기록하는 것이 자신의 중요한 임무라고 생각했어요. 그래서 왕이 불편해 하거나 기록하지 말라고 명령하더라도, 그 말조차도 왜곡 없이 모두 기록에 남겼어요. 왜 이렇게까지 꼼꼼히 기록했을까요? 그 이유는 역사를 정확히 남겨 후대의 사람들이 진실을 알고 기록을 통해 배우며 올바르게 살아갈 수 있도록 하기 위해서였답니다.

우리나라 최초의 유네스코 세계 기록유산

『조선왕조실록』은 우리나라에서 처음으로 유네스코 세계 기록유산으로 선정된 아주 중요한 책이에요. 이렇게 전 세계에서 그 가치를 인정받고 있는 이유는 무엇일까요? 472년이라는 긴 시간 동안의 이야기를 백과사전처럼 담은 조선의 역사서이면서도, 왕도 함부로 열어볼 수 없을 만큼 진실성 있게 기록되었기 때문이에요. 그리고 지금의 우리에게까지 전해질 정도로 실록의 보존 상태가 매우 훌륭하다는 점이 그 이유랍니다. 오늘날에도 이 기록은 우리가 과거를 배워서 현재를 이해하고, 미래를 준비하는 데 큰 도움이 되고 있어요. 기록은 그냥 글자가 아니라, 그 시대를 살았던 사람들의 목소리와 생각이 담긴 소중한 유산이랍니다.

군주: 나라를 다스리는 왕이나 통치자, 특히 강력한 통치력을 가진 왕을 의미함

사관: 조선 시대에 왕의 말과 행동을 기록하는 임무를 맡은 관리

왜곡: 사실을 바르게 전하지 않고, 다르게 또는 틀리게 전하는 것

보존: 잘 보호하고 보관하여 지킴

유산: 후세에 전해지는 문화적·역사적 가치가 있는 자산이나 기록

 옳은 단어 고르기

(1) 태종이 알게 하지 말라고 지시했지만 사관들은 이를 (기록했다 / 기록하지 않았다).

(2) 『조선왕조실록』은 (조선 왕조 / 조선 백성)의 역사를 기록했다.

(3) 『조선왕조실록』은 유네스코 (세계 기록유산 / 세계 자연유산)으로 선정되었다.

생각해요

1 『조선왕조실록』 살펴보기: 조선 시대에 코끼리?

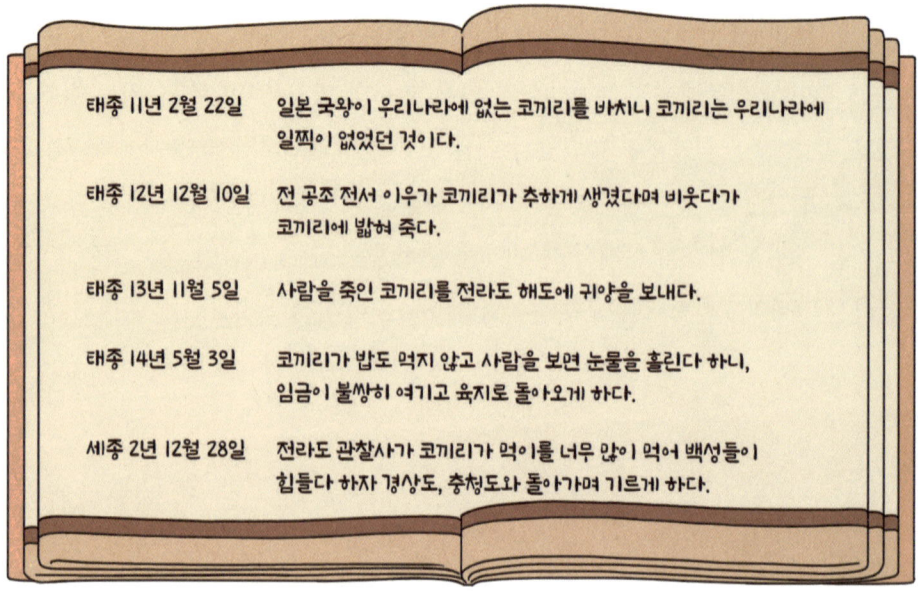

Q 만약 여러분이 조선 시대 사람이었다면, 코끼리를 처음 봤을 때 어떤 기분이었을까요? 그리고 여러분은 코끼리에게 어떤 행동을 했을까요?

A 제가 조선 시대 사람이었다면, (_____

_____

_____)

Q 여러분이 임금이었다면, 불쌍히 여긴 코끼리를 태종과 똑같이 육지로 데려왔을까요 아니면 다른 방법을 생각했을까요? 그 이유는 무엇인가요?

A 제가 임금이었다면, (_____

_____

_____)

2 내가 만드는 핵심 문장!

Q 보기에 있는 단어를 모두 사용해서 문장을 만들어 보세요.

> **보기** 『조선왕조실록』, 왜곡, 세계 기록유산, 가치

3 생각 펼치기: 내가 사관이었다면?

Q 조선 시대의 사관은 왕이 알게 하지 말라고 지시한 말까지도 기록에 남겼어요. 여러분이 조선 시대의 사관이었다면, 어떤 상황을 기록하고 싶었을까요? 그 상황을 생각해 보고, 왜 그 기록이 중요했을지 적어 보세요.

A 제가 조선 시대의 사관이었다면, (_____

_____) 상황을 기록하고

싶었을 것 같아요. 이 기록이 중요한 이유는 (_____

_____) 때문이에요.

선사　　고대　　고려　　**조선**　　근대　　일제 강점기　　현대

조선 후기 서민들이 즐긴 문화 생활은?

🔑 **keyword 찾아보기!**　조선, 서민 문화, 판소리, 탈놀이, 한글 소설, 민화, 풍속화

여러분은 어떤 문화 생활을 즐기고 있나요? 오늘날에는 영화 보기, 전시 관람하기, 여행 가기 등 다양한 문화 생활을 누릴 수 있어요. 그렇다면 조선 시대 서민들은 어땠을까요?

사실 조선 시대 서민들은 농사지으랴 일하랴 먹고 사는 것만으로도 너무 바빠 문화를 즐길 시간조차 없었어요. 그런데 조선 후기에 모내기법이라는 농사법이 전국 각  지에 널리 퍼지면서 농업 생산력이 늘고, 목화, 인삼 등의 작물도 재배하여 시장에 팔게 되면서 부자가 된 서민들이 나타나게 되었어요. 이렇게 돈이 많아져 여유가 생긴 서민들이 교육과 문화, 예술에 관심을 보이면서 서민 문화가 발달하게 되었답니다. 조선의 서민들은 북치는 사람의 장단에 맞추어 소리꾼이 말과 몸짓으로 이야기하는 판소리, 탈을 쓰고 춤을 추는 탈놀이, 「홍길동전」과 같은 한글 소설, 서민이 직접 그린 대중적 그림인 민화 등 다양한 문화를 즐겼어요.

▲ 김홍도의 「씨름」

당시 사람들의 모습을 풍속화를 통해 생생하게 들여다 볼까요? 조선 최고의 풍속화가로 활동했던 김홍도가 그린 「씨름」이에요. 씨름을 하는 두 선수 중 누가 이길 것 같나요? 경기를 구경하는 사람들의 표정은 어떠한가요?

조선 후기에는 양반이 아닌 사람들도 문화 생활을 즐길 수 있게 되면서 백성들의 역동적인 삶이 그림 속에도 나타나기 시작했답니다.

조선 후기 사람들의 소망을 담은 '민화'

조선 후기에는 서민들이 복이나 소망을 빌기 위해 그린 민화가 유행했어요. 화목한 부부를 바라면서 그린 한 쌍의 새 그림 「화조도」, 오래 살고 싶은 바람을 담은 글자 「백수백복도」나 효도를 강조하며 그린 「문자도」, 나쁜 기운을 막고 복을 기원하며 까치와 호랑이를 그린 「작호도」와 같은 작품 등이 대표적인 민화랍니다. 민화는 이외에도 결혼식, 돌잔치 등에 쓰이는 병풍 그림이나 안방 또는 사랑방을 꾸미기 위해 널리 유행했답니다.

▲ 「작호도」

 어휘 쏙쏙

서민: 아무 벼슬을 가지고 있지 못하는 일반 사람
모내기법: 모(옮겨 심기 위하여 기른 벼의 싹)를 못자리에서 논으로 옮겨 심는 농사 방법
풍속화: 사람들의 생활 모습을 그린 그림
화목: 서로 뜻이 맞고 정다움
백수백복: 오랜 수명과 복을 받기 위해 쓴 글자
기원: 바라는 일이 이루어지기를 비는 것

 빈칸 채우기

(1) 조선 후기 사람들의 생활 모습을 잘 보여주는 그림은 ⬚ 이다.

(2) 오래 살고 싶은 바람을 담은 글자로 ⬚ 가 있다.

(3) 조선 후기 백성들은 민화를 통해 복이나 ⬚ 을 빌었다.

1 상상해 보기: 서당 그림

Q 김홍도의 「서당」에는 조선 후기 서당에서 공부하는 학생들과 훈장님의 모습이 그려져 있어요. 이곳에서 어떤 이야기들을 나누었을지 상상하며 말풍선에 여러분의 생각을 적어 보세요.

A

2 초성 퀴즈

Q 문장을 읽으며 네모 칸 안에 있는 초성 퀴즈를 풀어 보세요.

(1) ▶「작호도」
호랑이가 나쁜 기운을 막고, 까치가 좋은 ㅂ 을 가져온다는 의미를 담은 그림

(2) ▶「백수백복도」
壽(오래살 수), 福(복 복) 글자를 반복하여, 행복하게 ㅇ ㄹ 살고 싶은 바람을 담은 그림

(3) ▶「화조도」
한 쌍의 새를 그려 ㅎ ㅁ ㅎ 부부를 바라는 의미를 담은 그림

(4) ▶「문자도」(孝: 효)
한자를 활용한 그림으로 부모님께 잘 하자는 ㅎ ㄷ 의 의미를 담은 그림

3 생각 펼치기: 풍속화로 담고 싶은 지금의 모습은?

Q 여러분이 풍속화가라면, 지금의 어떤 모습 또는 일상을 그려내고 싶나요? 글로 써 본 후 그림 또는 사진으로 담아 봐도 좋아요.

A 저는 지금의 (_____)한 풍속을 그림으로 그리고 싶어요. 그 이유는 (_____
_____) 때문이에요.

문화 61

선사 고대 고려 조선 근대 **일제 강점기** 현대

몸뻬 바지, 우스꽝스럽지만은 않아요

🔑 keyword 찾아보기! 　몸뻬 바지, 일제 강점기, 공장, 작업복

　농촌을 배경으로 한 TV 프로그램에서 연예인들이 '몸뻬 바지'를 입고 나오는 모습을 많이 볼 수 있어요. 몸뻬 바지는 넉넉하고 편안해서 농사일이나 집안일을 할 때 아주 유용하답니다. 하지만 몸뻬 바지에는 우리가 잘 모르는 슬픈 역사가 담겨 있어요.

　일본은 우리나라를 지배했던 일제 강점기에 또 다른 나라로 세력을 넓히기 위한 전쟁을 준비했어요. 이 과정에서 우리나라 사람들에게 노동을 강요했지요. 특히, 우리나라 여성들을 강제로 공장에서 일하게 하면서 일본 여성들이 작업복으로 입던 몸뻬 바지를 입도록 했어요. 그리고 몸뻬 바지를 입지 않으면 대중교통을 탈 수 없게 하고, 극장이나 관공서에도 들어갈 수 없도록 해서 많은 사람들이 어쩔 수 없이 몸뻬 바지를 입어야 했답니다.

　처음 몸뻬 바지가 등장했을 때, 우리나라 여성들은 바지만 입고 다니는 것이 익숙하지 않아 몸뻬 바지를 입는 것을 꺼렸지만, 시간이 지나면서 몸뻬 바지는 실용성 덕분에 작업복 또는 생활복으로 보편화되었어요. 그래서 여성들이 윗도리는 한복 저고리를, 아랫도리는 몸뻬 바지를 입던 시기도 있었어요. 하지만 몸뻬 바지는 단순히 편리한 옷이 아니라, 우리 조상들이 겪었던 힘든 시절의 이야기를 담고 있는 상징적인 옷이기도 해요. 몸뻬 바지를 볼 때마다 그 속에 담긴 역사를 기억하는 것이 중요하답니다.

일제 강점기 양면의 모습

일제 강점기에 일본에서 발달했던 백화점이 우리나라에도 진출하게 되었어요. 우리나라 최초의 백화점인 미쓰코시 백화점은 지금의 신세계 백화점 본점 자리에 설립되었어요. 그 외에도 일본인이 경영하는 백화점들이 서울 충무로에 설립되면서 그 지역은 일본인 상점들로 거리가 가득 찼어요. 서울의 일부 거리는 이렇게 번화하고 화려한 모습을 하고 있었지만, 한편으로는 일본이 조선의 경제를 장악하면서 높은 땅 임대료를 견디지 못한 농민들이 있었어요. 농촌을 떠나 도시의 언덕 지역으로 이주한 농민들은 비, 바람 정도만 가릴 수 있는 토막집을 짓고 도시 빈민으로 살아갔답니다.

 **어휘쑥쑥**

지배: 한 나라나 사람이 다른 나라나 사람들을 자기 마음대로 다스리거나 통제하는 것
강요: 다른 사람에게 어떤 일을 억지로 하게 만드는 것
실용성: 어떤 물건이나 행동이 실제로 얼마나 쓸모 있는지를 나타내는 성질

보편화: 어떤 것이 널리 퍼져서 많은 사람이 사용하거나 알고 있는 상태
상징: 어떤 사물이나 행동이 특별한 의미를 나타내는 것
빈민: 가난한 주민

 옳은 단어 고르기

(1) 처음 몸뻬 바지가 등장했을 때 우리나라 여성들은 (반겼다 / 꺼렸다).

(2) 몸뻬 바지는 농촌에서 (흔히 볼 수 있는 / 보기 힘든) 옷으로 자리 잡았다.

(3) 일본은 몸뻬 바지를 입지 않으면 대중교통 이용과 관공서 출입을 (허용했다 / 금지했다).

생각해요

1 일본의 침략 전쟁에 반대하는 잡지 표지 그려 보기

Q 일제 강점기에 일본은 한국인을 일본의 침략 전쟁에 동원했고, 침략 전쟁을 옹호하기 위해 아동 잡지 표지에 일본 군복을 입은 아이를 등장시켰어요. 당시의 한국인이 되어 일본의 침략 전쟁에 반대하는 잡지 표지를 그려 보세요.

[출처: 국립민속박물관]

〈뒤표지〉

〈앞표지〉

A

〈뒤표지〉 〈앞표지〉

2 가로 세로 퀴즈

Q 가로 세로 퀴즈를 읽고 빈칸을 채워 보세요.

가로 퀴즈	세로 퀴즈
1 일제 강점기에 일본이 우리나라 여성에게 강제로 입도록 했던 작업복 2 여러 사람이 이용하는 버스, 지하철 등의 교통수단	3 한 나라나 사람이 다른 나라 사람을 자기 마음대로 다스리거나 통제하는 것 4 몸이나 마음이 아픔

3 생각 펼치기: 내가 강제로 몸뻬 바지를 입어야 했다면?

Q 일제 강점기에 일본은 우리나라 여성들에게 몸뻬 바지를 강제로 입게 했어요. 여러분이 그 시대의 여성이었다면, 몸뻬 바지를 입고 어떤 일을 해야 했을까요? 또한, 일하면서 어떤 생각을 했을지 적어 보세요.

A 제가 일제 강점기에 몸뻬 바지를 입은 여성이었다면, (_____

_____) 일을 해야 했을 것 같아요.

그 상황에서 저는 (_____

_____)라는 생각을 했을 것 같아요.

문화 65

 소개해요

1 암사동선사유적박물관

 **탐방** 신석기인의 생활을 자세히 들여다 보고 싶다면?

[출처: 국가유산포털]

암사동선사유적박물관은 신석기 시대를 살았던 사람들의 삶을 잘 살펴볼 수 있는 곳이에요. 이곳에서는 신석기 시대 사람들이 식량을 저장하는 데 사용한 빗살무늬 토기와 남겨 놓았던 도토리까지도 볼 수 있어요. 실제처럼 복원된 움집에 들어가서 잠시나마 신석기 시대 사람이 되어 그들의 삶을 엿보는 건 어떨까요?

암사동선사유적 박물관 바로가기! ▶

 **활동** 신석기 시대 직접 체험해 보기!

암사동선사유적박물관에는 신석기 시대를 직접 체험해 볼 수 있는 프로그램들이 진행되고 있어요. 신석기 시대 사람들처럼 돌작살과 뼈낚시를 만들고 그물로 물고기를 잡아보는 프로그램, 석기로 직접 만든 도구를 사용해 사냥을 해 보는 프로그램, 신석기의 장신구인 옥목걸이와 토우를 만드는 프로그램 등이 진행되기도 했어요. 이 모든 프로그램은 상황에 따라 변동될 수 있으니, 미리 확인하고 방문해 보세요!

 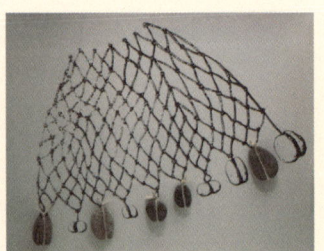
▲ 뼈낚시　　　▲ 그물

단원마무리

2 군산근대역사박물관

 **탐방** 일제 강점기 우리나라는 어떤 모습이었을까?

군산근대역사박물관은 우리나라 근대사의 중요한 장면들을 볼 수 있는 곳이에요. 특히, 3층 근대생활관에서는 1930년대 군산의 모습을 재현해 두어 그 시절 사람들이 어떻게 살았는지 볼 수 있답니다. 군산이 일본에 개항되면서 일본식 가옥이 들어서게 되었고, 이러한 건물들이 아직도 남아 있어 당시의 생활상을 엿볼 수 있답니다. 이곳에서 군산의 근대사를 탐방하며, 역사의 한 장면을 직접 경험해 보는 건 어떨까요?

군산근대역사박물관 바로가기! ▶

 **활동** 군산 스탬프 투어: 역사와 문화를 따라 걷는 여정

군산 스탬프 투어는 군산의 역사와 문화를 즐기며 주요 명소를 탐방할 수 있는 재미있는 활동이에요. 군산근대역사박물관, 근대미술관, 근대건축관 등 다양한 장소를 저렴하게 방문할 수 있답니다. 특히, 옛 군산세관(현 호남관세박물관)은 우리나라에 도입되었던 서양식 건축기법을 잘 유지하고 있어 꼭 들릴 만한 곳이기도 하지요. 데칼코마니처럼 좌우가 비슷한 옛 군산세관의 모습을 그려볼까요?

군산 스탬프 투어 바로가기! ▶

PART 3

경제

01 선사 고조선에도 화폐가 있었을까?
02 고대 귀족 사회에서 급부상한 해상왕 장보고
03 고려 문익점은 목화씨를 '훔쳐 오지' 않았다
04 조선 아무나 물건을 팔 수 없었던 조선의 시장
05 일제 강점기 일본이 조선에 철도를 깔아 준대요!
06 현대 국민이 힘을 합쳐 나라를 되살리다

| 선사 | 고대 | 고려 | 조선 | 근대 | 일제 강점기 | 현대 |

고조선에도 화폐가 있었을까?

keyword 찾아보기! 고조선, 랴오닝, 청동기, 만주, 한반도 북부, 노비, 화폐

안녕하세요. 고조선을 심층 취재하기 위해 비행기를 타고 중국 랴오닝성 박물관에 다녀온 나궁금 기자입니다. 고생해서 수집해 온 자료를 바탕으로 고조선 연구의 최고 권위자 최고야 교수님을 만나 인터뷰를 해 보았습니다.

▲ 고조선의 세력 범위

Q 교수님! 고조선이 어떤 나라인지 간단한 소개를 부탁드립니다.

A 반갑습니다! 고조선은 청동기 문화를 바탕으로 발전한 우리 역사 최초의 국가입니다.

Q 고조선의 유물이 중국 땅에서도 발견되는 이유는 무엇일까요?

A 고조선은 만주와 한반도 북부에 걸쳐 존재했던 것으로 추정되는데, 그런 이유로 만주 지역 중 현재 중국의 랴오닝성 일대에서 고조선의 유물이 많이 발견됐습니다.

Q 교수님! 고조선 사람들도 우리처럼 화폐를 사용했을까요?

A 네, 고조선의 8조법을 살펴보면 남의 물건을 훔치면 노비로 삼는다고 나와 있습니다. 그리고 이를 용서받으려면 50만 전을 내야 한다는 기록이 남아 있는 것을 통해 고조선도 화폐를 사용했다고 볼 수 있습니다.

고조선 사람들이 사용한 화폐는 어떤 모양이었을까요?

더 알아보기
주변 나라와 활발히 교류한 고조선

중국 측 기록에 따르면, 고조선의 특산물로는 호랑이나 표범의 가죽이 있었어요. 멀리 중국 땅까지 알려질 만큼 중요한 교역품들이었지요. 고조선은 동북아시아 여러 나라와 한(당시 중국) 사이에서 **무역**을 하며 큰 이득을 얻었답니다. 고조선과 한의 교역에서 중요한 교환 수단이 되었던 게 바로 손칼 모양의 청동화폐인 명도전이었다는 주장이 있어요. 고조선이 위치했던 만주와 한반도 북부에서 많은 양의 명도전이 출토되었기 때문이에요.

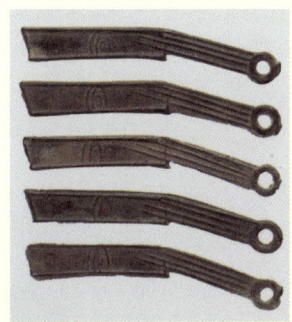

▲ 명도전

어휘쏙쏙

랴오닝: 랴오허(요하)강 주변을 가리키며, 요령 지방이라고도 함
청동기: 구리에 주석이나 아연을 합금해서 만든 청동으로 만든 도구
만주: 오늘날 중국의 동북지방

한반도: 아시아 대륙의 동북쪽 끝에 있는 삼면이 바다로 둘러싸인 땅
노비: 남자종과 여자종을 아울러 이르는 말
무역: 나라와 나라 사이에 서로 물품을 사고 파는 일

문해력쏙쏙 빈칸 채우기

(1) 고조선은 ☐☐☐☐☐☐☐ 문화를 바탕으로 발전한 국가이다.

(2) 고조선은 만주와 ☐☐☐☐☐☐☐ 북부에 걸쳐 존재했다.

(3) ☐☐☐☐☐을 보면 고조선이 화폐를 사용했다는 점을 알 수 있다.

1 고조선의 법을 바탕으로 재판해 보기

Q 다음과 같은 상황에서는 어떤 판결을 내려야 할지 재판관의 말풍선을 채워 보세요.

A

힌트 제시된 고조선의 법 가운데 두 번째 줄을 읽어 보세요.

<고조선의 법>

- 사람을 죽인 사람은 사형에 처한다.
- 남을 다치게 한 사람은 곡식으로 갚는다.
- 도둑질한 사람은 데려다 노비로 삼는다. 죄를 면하려면 50만 전을 내야 한다.

(   )

2 내가 만드는 핵심 문장!

Q 보기에 있는 단어를 모두 사용해서 문장을 만들어 보세요.

> **보기** 노비, 고조선, 8조법, 화폐, 최초

3 생각 펼치기: 내가 만드는 고조선 화폐

Q 내가 고조선 시대에 다시 태어나 화폐를 만드는 장인이 된다면, 어떤 형태의 화폐를 만들 것인지 그림으로 표현해 보세요.

A 제가 고조선의 화폐를 이런 형태로 디자인한 이유는 (   )이에요.

선사 | **고대** | 고려 | 조선 | 근대 | 일제 강점기 | 현대

귀족 사회에서 급부상한 해상왕 장보고

keyword 찾아보기! 장보고, 신라, 해상 무역, 신분제 사회, 청해진

"저도 장보고처럼 세계의 바다를 주름잡는 무역의 왕이 되고 싶어요!"

12월 5일 무역의 날을 맞이하여 완도 장보고 기념관에서 신라 시대 해상 무역의 왕으로 이름을 떨쳤던 장보고에 대해 알아보고, 그의 뜻을 기리는 행사가 진행되어 눈길을 끌었어요.

당시 장보고의 신분을 정확하게 알아낼 수는 없지만, 그는 도읍에 사는 귀족은 아니었어요. 장보고는 완도에서 태어나 자랐고, 어렸을 때부터 말타기, 활쏘기, 수영 등을 잘했으며 누구보다도 성공하고 싶은 마음이 컸던 것으로 보여요. 그래서 그는 신분제 사회인 신라를 벗어나 당으로 가 군인이 되어 이름을 날렸어요. 그러나 장보고는 당에서 생활하면서 신라 사람들이 해적에게 잡혀 노예로 팔리고 있다는 사실을 알게 되자 귀국을 결심하게 되었어요.

신라에 돌아온 장보고가 1만여 명의 군사와 함께 완도에 해상 기지인 청해진을 설치하고, 바다를 누비며 해적들을 소탕한 결과 신라 주변 바다에 평화가 찾아왔어요. 이후 장보고는 당과 신라, 일본을 연결하여 중계 무역을 활발하게 하면서 해상왕이라는 별명을 얻게 되었고, 신라는 동북아시아에서 국제 무역의 중심지로 발돋움했답니다.

신라의 독특한 신분 제도, 골품제

골품제란 신라 시대의 독특한 신분 제도예요. 신라는 원래 경주의 작은 나라 사로국에서 시작했어요. 그러다 점차 주변을 정복하며 힘을 키웠죠. 이때 정복한 땅의 지배층을 신라의 귀족으로 받아들이는 과정에서 생긴 신분 제도가 바로 골품제랍니다. 골품은 최고 신분인
성골과 진골이 있고, 그 아래로는 6두품에서 1두품까지의 신분이 존재했어요. 신라는 골품에 따라 오를 수 있는 관직이 달랐고, 사용할 수 있는 옷감의 종류, 집의 크기, 수레의 크기 등도 달랐답니다.

어휘 쑥쑥

주름 잡다: 모든 일을 자기가 하고 싶은 대로 주동이 되어 처리함
귀국: 외국에 나가 있던 사람이 자기 나라로 돌아오거나 돌아감
누비다: 이리저리 거리낌 없이 다님
소탕: 휩쓸어 죄다 없애 버림
중계 무역: 다른 나라로부터 사들인 물자를 제3국으로 수출하는 형식의 무역

 **빈칸 채우기**

(1) 장보고는 신분이 높지 않아 처음에는 ☐에서 군인이 되었다.

(2) ☐은 장보고의 요청으로 세워진 해상 기지이다.

(3) ☐에서 태어난 장보고는 신라를 국제 무역의 중심지로 발전시켰다.

생각해요

1 중국에 있는 장보고 유적지 조사해 보기

Q 다음 암호표를 해독하여 유적지의 이름을 맞춰본 후, 유적지에 대해 조사해 보세요.

한글 모스부호표							
자음				모음			
ㄱ	•−••	ㅈ	•−−•	ㅏ	•	ㅡ	−••
ㄴ	••−•	ㅊ	−•−•	ㅑ	••	ㅣ	••−
ㄷ	−•••	ㅋ	−••−	ㅓ	−	ㅢ	−•••−
ㄹ	•••−	ㅌ	−−••	ㅕ	•••	ㅐ	−•−
ㅁ	−−	ㅍ	−−	ㅗ	•−	ㅔ	−•−
ㅂ	•−−	ㅎ	•−−−	ㅛ	−•	ㅖ	••••−
ㅅ	−−•			ㅜ	••••	ㅒ	•••−−
ㅇ	−•−			ㅠ	•−•		

A

힌트 •−− − •−−− / •−−− •− / −•− •••• − −•−−

유적지 이름: (☐ ☐ ☐)

조사 내용: (_____

_____)

2 가로 세로 퀴즈

Q 가로 세로 퀴즈를 풀고 빈칸을 채워 보세요.

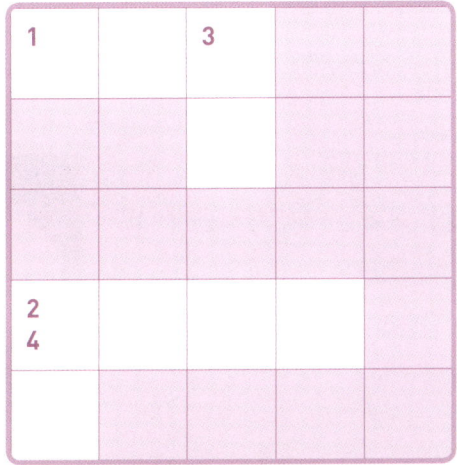

가로 퀴즈	세로 퀴즈
1 장보고가 세운 해상 기지 2 다른 나라로부터 사들인 물자를 제3국으로 수출하는 형식의 무역	3 골품제 최고 신분 가운데 하나 4 당은 현재 ☐☐ 에 있었던 나라이다.

3 생각 펼치기: 내가 신라의 학자였다면?

Q 장보고가 살았던 신라는 골품제의 나라였습니다. 만약 내가 신라에 살았던 학자라면, 당시 신분제에 대해 어떻게 생각했을 것 같나요?

A 제가 신라의 학자였다면, 골품제가 (필요하다고 / 달라져야 한다고) 생각했을 거예요.

그 이유는 (_____

_____) 때문이에요.

선사 고대 **고려** 조선 근대 일제 강점기 현대

문익점은 목화씨를 '훔쳐 오지' 않았다

🔑 keyword 찾아보기! 고려, 시배지, 문익점, 원, 목화씨, 정천익, 목화솜

안녕하세요. 고려 사람들의 생활 모습을 심층 취재하기 위해 경상남도 산청 목화 시배지 전시관에 나와 있는 나따뜻 기자입니다. 오늘은 다알아 교수님과의 인터뷰로 그간 생겼던 문익점에 대한 오해를 푸는 시간을 갖도록 하겠습니다.

▲ 목화

Q 다알아 교수님! 문익점에 대해 간단한 소개를 부탁드립니다.

A 반갑습니다! 문익점은 고려의 사신으로서 원에 갔다가 억울하게 유배를 당하게 되었는데요, 유배지에서 돌아오면서 목화씨를 가지고 와 보급한 사람입니다.

Q 문익점이 추위에 떠는 고려 사람들을 위해 원에서 목화씨를 훔쳐 왔다는 이야기가 있는데 그것이 사실일까요?

A 사실이 아닙니다. 당시 원에서는 목화밭을 어렵지 않게 볼 수 있었어요. 원이 목화씨를 가져가는 것을 딱히 금지했던 것도 아니었기 때문에 씨앗을 어렵지 않게 구할 수 있었습니다.

Q 그러면 그전까지는 고려 사람들이 왜 목화를 재배하지 않았을까요?

A 사실 목면은 원래 1년 내내 따뜻한 열대 기후에서 잘 자라는 작물이라 고려 땅에서 재배하기 쉽지 않았어요. 문익점은 실패를 거듭하면서도 장인 정천익과 온갖 정성을 들여 목면 재배에 도전하여 성공한 것이죠. 목면은 열매를 맺으면 흰색 털 모양의 섬유로 변하는데, 이 섬유로 실을 뽑아 여름에는 땀을 잘 흡수하는 시원한 옷을 만들고, 겨울에는 목화솜을 넣어 따뜻한 옷과 이불을 만들 수 있지요.

더 알아보기

몽골(원)과 교류한 고려

한때 몽골(원)이 세계를 휩쓸었을 때가 있었어요. 몽골은 강력한 군사력을 바탕으로 멀리는 유럽까지 진출하기도 했지요. 고려 역시 몽골의 침략에 예외는 아니었어요. 이에 백성들은 삶의 터전을 지키기 위해 수십 년간 저항했지만, 결국 항복하게 되었어요. 고려는 몽골의 간섭을 받았지만, 고려와 몽골의 교류가 늘어나면서 서로에게 영향을 주었어요. 고려에는 몽골의 **풍습**이(의복, 족두리, 변발 – 머리 모양 등), 몽골에는 고려의 풍습(상추쌈, 고려병 – 약과의 일종 등)이 전해지기도 했답니다.

▲ 족두리

 **어휘쑥쑥**

시배지: 식물 따위를 처음으로 심어 가꾼 곳
사신: 임금이나 국가의 명령을 받고 외국에 파견되는 사람
유배: 죄인을 귀양보내는 일
목면: 목화나무

열대 기후: 일 년 내내 매우 덥고 비가 많이 오는 기후
장인: 아내의 아버지를 이르는 말
풍습: 예로부터 되풀이되어 온 특정 집단의 행동 방식

 문해력쑥쑥 옳은 단어 고르기

(1) 문익점은 (목화 / 모카)를 들여와 백성들이 겨울을 따뜻하게 보낼 수 있게 했다.

(2) 문익점은 (아버지 / 장인)와/과 함께 목화 재배에 성공했다.

(3) 고려는 원에 (고려병 / 변발)과 같은 풍습을 전하기도 했다.

1 상상해 보기: 고려 시대 그림 속 교류 이야기

Q 고려 사람의 머리 모양을 그림과 같이 표현한 이유는 무엇일까요?

[출처: 국립중앙박물관]

▲ 「천산대렵도」

A

힌트 이러한 머리 모양을 변발이라고 해요.

2 숨은 단어를 찾아라!

Q 주제와 관련된 단어들을 찾아 보세요.

주제 고려 - 몽골(원)의 교류

고	삼	무	새	문	심	빗
신	려	사	선	목	살	뭇
토	석	병	시	화	물	솔
기	수	가	늬	족	두	리

3 생각 펼치기: 목화와 관련된 새로운 정책 만들기

Q 내가 고려의 국왕이라면, 목화 재배 성공 소식을 듣고 백성을 위해 어떤 정책을 만들 것인지 자유롭게 글과 그림으로 표현해 봅시다.

A 제가 고려 국왕이라면, (_____

_____) 정책을 만들었을 거예요.

경제 81

선사　고대　고려　**조선**　근대　일제 강점기　현대

아무나 물건을 팔 수 없었던 조선의 시장

🔑 keyword 찾아보기!　한양, 난전 상인, 단속, 시전 상인, 금난전권

　안녕하세요. 지금의 서울인 조선의 수도 한양으로 시간 여행을 온 다팔자 기자입니다. 어떤 사람들이 난전 상인들의 장사를 단속하고 있는데요, 왜 이런 행동을 하는지 알아보겠습니다.

Q 단속하고 있는 당신들은 누구신가요?
A 우리는 시전 상인입니다. 시전 상인은 나라의 허가를 받아 장사하는 상인으로 국가에 세금도 내고, 관청에 필요한 물품도 공급하지요.

Q 시전 상인은 관리도 아닌데 왜 난전 상인들이 장사를 할 수 없게 단속하는 거죠?
A 조선 후기에 상업이 발달하면서 허가를 받지 않고 물건을 거래하는 난전이 크게 늘어났습니다. 이에 저희는 불법으로 장사하는 난전을 단속하고 우리를 보호해 달라고 요구했어요. 그래서 이러한 권한을 받았지요.

Q 이러한 권한이라니요?
A 금난전권을 말합니다. 금난전권이란 바쁜 관청이 나서지 않아도 시전 상인 스스로 난전을 단속할 수 있는 권리예요.

Q 이번엔 난전 상인의 이야기를 듣겠습니다. 왜 불법으로 장사를 하시나요?
A 우리도 좀 살려 주세요. 시전 상인들이 온갖 물건을 독점하고서는 원래 가격보다 몇 배나 비싸게 판다고요! 물건을 못파는 우리 난전 상인이나, 비싼 값에 물건을 사야하는 백성들이 불쌍하지 않나요?

금난전권을 없애 버린 정조

조선 후기에 모내기가 전국으로 확산되어 농업 생산력이 늘어나고, 다른 사람들에게 내다 팔기 위한 농작물도 재배하기 시작했어요. 그리고 대동법의 실시로 수공업 생산이 활발해져 물건을 사고팔며 교환하는 것을 당연하게 여기게 됐어요. 사람들이 더 많은 시장을 원하자 나라 곳곳에서 자연스럽게 난전이 생겨났어요. 이에 국왕 정조는 시전 상인들에게 특권을 주는 낡은 제도인 금난전권을 없애 버렸어요. 몇몇 품목을 제외하고, 원하는 사람은 누구나 자유롭게 물건을 사고팔 수 있게 했지요. 이로써 조선의 상업은 더욱 발전할 수 있었어요.

▲ 상평통보

난전: 허가 없이 길에 함부로 벌여 놓은 가게
단속: 규칙이나 법령, 명령 따위를 지키도록 통제함
시전: 조선 시대에 지금의 종로를 중심으로 설치한 상설 시장
불법: 법에 어긋남
대동법: 공물을 현물(특산품)로 바치는 제도를 폐지하고, 지역별로 쌀·베·돈으로 내게 한 세금 제도

 빈칸 채우기

(1) ☐ 상인은 국가에 세금을 내고 관청에 필요한 물품도 공급했다.

(2) 금난전권은 시전 상인이 난전 상인을 ☐ 할 수 있는 권한이다.

(3) 조선의 왕 ☐ 가 금난전권을 없애 버렸다.

경제 83

생각해요

1 내가 만드는 조선의 상점

Q 조선 시대에는 어떤 물건이 잘 팔렸을 것 같나요? 내가 조선 시대 상인이라면 어떤 물건을 팔았을지 그려보고, 물건을 잘 팔기 위해 어떤 말을 했을지 말풍선도 채워 보세요.

A

힌트 조선 후기에는 목화, 인삼, 감자, 고추, 담배 등의 상품 작물을 많이 팔았답니다.

〈 상점 〉

2 초성 퀴즈

Q 문장을 읽으며 네모 칸 안에 있는 초성 퀴즈를 풀어 보세요.

(1) | ㅅ | ㅈ | 상인은 난전 상인을 단속할 수 있는 권한을 지녔다.

(2) 국가로부터 허가받은 상인들이 온갖 물건을 | ㄷ | ㅈ | 하여 물건값을 올리는 등의 행위로 백성들이 피해를 보았다.

(3) 정조는 | ㄱ | ㄴ | ㅈ | ㄱ | 을 없애면서 난전 상인의 자유로운 상업 행위를 보장해 주었다.

3 생각 펼치기: 내가 난전 상인이라면?

Q 내가 난전 상인이라면, 관청에 어떤 건의사항을 올릴지 글로 표현해 보세요.

A 제가 조선 시대 난전 상인이었다면, (

)

경제 85

선사　　고대　　고려　　조선　　근대　　**일제 강점기**　　현대

일본이 조선에 철도를 깔아 준대요!

🔑 **keyword 찾아보기!** 일제, 한반도, 철도, 부설, 약탈, 전쟁 물자

"조선의 쌀과 물자를 대량으로 가져가기 위해 일제가 한반도에 철도를 부설했다!"

6월 28일, 철도의 날을 맞이하여 경기도 의왕시의 철도박물관에서 특별 행사가 진행되어 눈길을 끌었습니다. 한편으로는 어떤 연구자가 일본이 조선을 위해 철도를 부설해 주었다는 망언

▲ 경인선 개통식

을 해 사회적으로 문제가 되었는데요, 일본이 한반도에 철도를 설치한 이유와 설치 과정에서 일어났던 문제에 대해 집중적으로 탐구해 보겠습니다.

일본이 경인선, 경부선 등을 조선에 설치한 과정은 약탈의 연속이었습니다. 역 주변의 땅을 철도 용지라 하여 실제 필요한 토지보다 몇 배나 더 넓게 차지했습니다. 심지어 철도 주변 지역의 사람들에게 값싼 임금을 지불하면서 강제로 일을 시켰습니다.

당시 조선에 방문한 스웨덴 기자 아손에 의하면, 경부선 철도 부설 때문에 일본인들에게 강제로 토지를 빼앗긴 데 분노한 조선인 농부들이 철로를 부수려다가 발견되어 무참히 사형당했다고 합니다.

일본은 식량을 자기 나라로 옮기고 전쟁에 필요한 물자를 실어 나르기 위해 한반도에 철도를 설치했습니다. 모두 '일본'의 이익을 위한 행동이었죠.

여러분은 일본이 우리나라를 위해 철도를 부설해 주었다고 생각하나요?

더 알아보기
일제 강점기 전후 일본의 철도 부설

일제 강점기 전후 일본의 주도로 한반도에 여러 철도가 부설되었어요. 경부선, 경의선, 호남선, 경원선 등의 주요 철도가 그 예랍니다. 철도가 건설된 이유는 당연히 일본의 이익을 위해서였어요. 경부선은 서울과 부산을 연결한 것으로, 일본에서 가장 가까운 부산으로 물자를 옮기기 위해서였어요. 호남선은 평야가 넓은 전라도 지역의 곡식을 일본으로 가져가기 위해서였답니다. 경원선은 북부지방의 지하자원을 싣고 가기 위해서였으며, 경의선은 중국과의 전쟁을 위해 부설되었어요.

▲ 일본의 철도 부설권

부설: 다리, 철도 등을 설치함
망언: 이치에 맞지 않아 듣는 사람을 어이없게 하는 말
경인선: 서울과 인천 사이를 잇는 철도로 우리나라 최초의 철도

약탈: 폭력을 써서 남의 것을 억지로 빼앗음
용지: 어떤 일에 쓰기 위한 토지
임금: 노동을 한 대가로 받는 보수(돈, 물품)

 옳은 단어 고르기

(1) 우리나라 최초의 철도는 (경인선 / 경부선)이다.
(2) 일본은 한국 땅의 물자를 (수입하기 / 약탈하기) 위해 철도를 부설했다.
(3) 일본은 역 주변의 땅을 (필요 이상으로 / 필요한 만큼만) 차지했다.

1 일제 강점기 철도망 완성하기

Q 도시 이름을 바탕으로 빈칸을 채워 철도망 지도를 완성해 보세요.

▲ 일본의 철도 부설권

A

힌트 서울을 의미하는 한자는 '서울 (경)' 자랍니다.

(1) (☐ ☐ ☐) (2) (☐ ☐ ☐)

(3) (☐ ☐ ☐) (4) (☐ ☐ ☐)

2 사다리 타기 퀴즈

Q 사다리를 타고 내려 간 곳에 알맞은 답을 써 보세요.

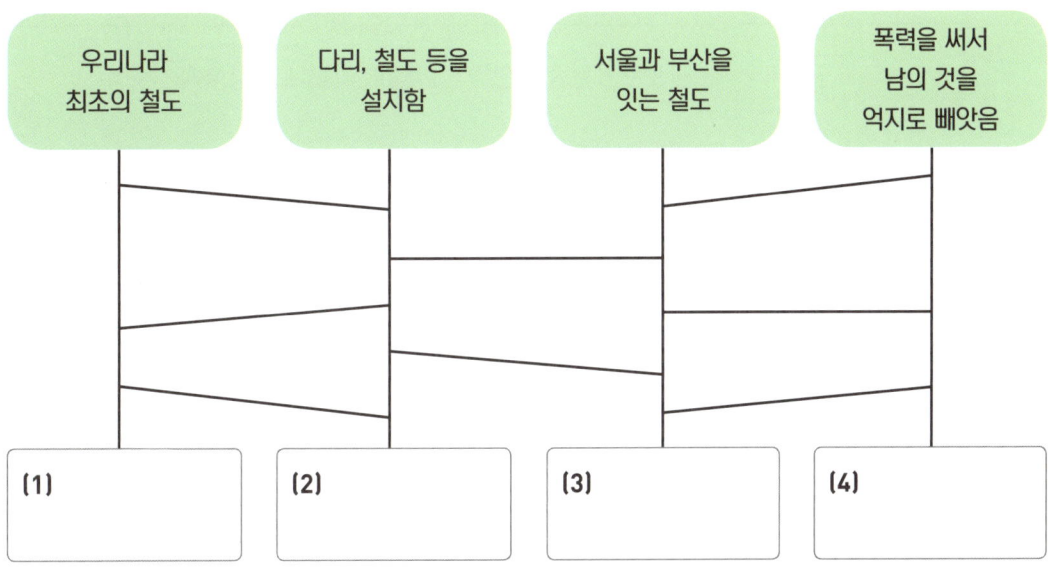

3 생각 펼치기: 내가 철도 노동자였다면?

Q 내가 일제 강점기에 철도를 부설하는 데 노동자로 참여해야 했다면, 어떤 생각이 들었을까요?

A 제가 일제 강점기의 철도 노동자였다면, 철도 부설이 (한국인을 위한 것이라고 / 한국인을 위한 것이 아니라고) 생각했을 거예요. 그 이유는 (_____

_____) 때문이에요.

선사　　고대　　고려　　조선　　근대　　일제 강점기　　**현대**

국민이 힘을 합쳐
나라를 되살리다

🔑 keyword 찾아보기! 　금 모으기 운동, 외환위기, 실업자, 국제통화기금, 부채

안녕하세요. 1990년대 대한민국 사람들을 만나기 위해 시간여행을 온 금모아 기자입니다. 지금 사람들이 금 모으기 운동에 참여하기 위해 은행 창구에 줄을 서서 기다리고 있는 모습이 보입니다. 왜 시민들은 각 가정에 있던 금을 들고 나오게 된 것일까요?

▲ 금 모으기 운동

Q 금반지를 들고 서 있는 이유가 무엇인가요?

A 외환위기 때문이지요. 1997년, 대한민국은 역대 최대의 경제 위기에 빠졌어요. 그래서 외환을 갚기 위해 집에 있던 결혼 반지를 들고 온 겁니다. 금은 우리나라 돈과는 달리 세계 어디에서든 유통할 수 있거든요.

Q 외환위기는 무엇 때문에 발생했나요?

A 그동안 기업들이 문어발처럼 사업을 키우는 데 정신이 팔려 다른 나라에서 무리하게 돈을 빌렸지요. 그리고 정부가 외환 관리를 제대로 하지 못해 나라 안에 외환이 부족해졌어요. 그러니 다른 나라에 돈을 제때 갚지 못해 기업은 문을 닫고 많은 수의 실업자가 생겼어요. 이는 국가가 파산할 수도 있는 문제예요.

Q 그렇군요. 이 기세라면 수백 톤의 금이 모일 것만 같습니다.

A 그래야죠. 그래야 어서 국제통화기금(IMF)으로부터 빌린 돈을 갚을 수 있겠지요.

저마다의 사연이 담긴 금들이 하나둘씩 모여 나라를 살리자는 국민의 희망에 불을 지폈고, 부채를 갚는 데 최소 10년이 걸릴 것이라던 예상을 깨고 우리나라는 단 4년 만에 국가의 빚을 모두 갚게 됩니다.

더 알아보기
국제통화기금(IMF)은 어떤 곳일까?

나라는 경제가 나빠질 때를 대비해 늘 어느 정도의 돈을 가지고 있어야 해요. 이러한 목적으로 나라가 가지고 있는 돈을 '외환 보유액'이라고 하지요. '외환 보유액'이란 쉽게 말하면 나라가 급할 때 쓰기 위해 달러로 챙겨둔 비상금인 셈이에요. 사람들이 돈이 필요할 때 은행에서 돈을 빌리듯 나라가 돈이 부족할 때는 국제통화기금(IMF)의 도움을 받아요.

즉, IMF는 가입한 나라들이 낸 돈을 모아 두고서, 그 나라들이 경제가 어려워지면 모아둔 돈을 빌려주는 곳이지요. 우리나라는 1955년에 IMF에 가입했고 1997년에 도움을 요청해 2001년에 빌린 돈을 모두 갚았어요. IMF는 돈을 빌려주는 대가로 우리나라의 경제 구조를 개선하라고 요구하는 등 많은 간섭을 했어요.

 **어휘쑥쑥**

창구: 사무실이나 영업소에서, 손님과 문서·돈·물건을 주고받을 수 있게 조그마하게 창을 내거나 장소를 마련해 놓은 곳

외환: 외국 화폐를 비롯해 화폐의 가치를 지닌 것 일체를 가리킴

유통: 화폐나 물품 등이 세상에서 널리 쓰임

실업자: 직업이 없는 사람

파산: 재산을 모두 잃고 망함

부채: 남에게 진 빚

문해력쑥쑥 옳은 단어 고르기

(1) 대한민국은 (한국은행권 / 외환)이 부족해 국제통화기금에 도움을 요청했다.

(2) 대한민국은 국제통화기금으로부터 빌린 돈을 (4년 / 10년)만에 모두 갚았다.

(3) 외환위기를 극복하기 위해 많은 국민이 (금 / 은) 모으기 운동에 참여했다.

1 암호 해독하기

Q '암호: 432 9211 4300 03220'를 해독하면 등장하는 단어에 대하여 인터넷 또는 책 등을 통해 조사해 보세요.

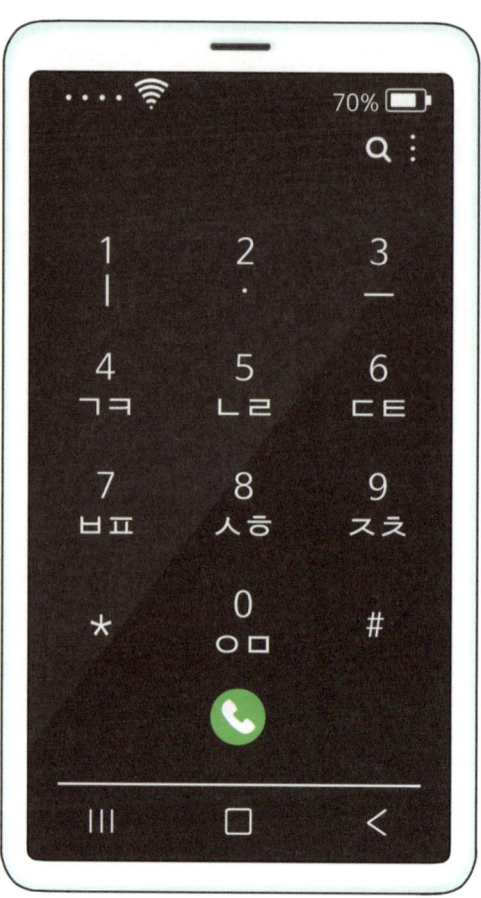

A

암호 해독: (☐☐☐☐)

조사 내용: (_____

_____)

2 O / X 퀴즈

Q 다음 문장을 읽고 맞으면 O, 틀리면 X에 표시하세요.

(1) 대한민국이 외환위기로 어려움에 처했을 때 국민들이 금 모으기 운동을 했음에도 불구하고 국가의 위기를 극복하지 못했다. ☐O ☐X

(2) 외환위기로 기업이 문을 닫고, 많은 실업자가 발생했다. ☐O ☐X

3 생각 펼치기: 외환위기 자료 해석하기

Q 다음 자료를 통해 외환위기의 영향으로 해체된 기업, 순위가 변동된 기업을 찾아 개수를 적어 봅시다.

외환위기로 인한 30대 대기업의 변화(1998년 순위)

순위	기업명	순위	기업명	순위	기업명
1	현대	13	대림	25	신호
2	삼성	14	두산	26	대상
3	대우	15	한솔	27	뉴코아
4	LG	16	효성	28	거평
5	SK	17	고합	29	강원산업(현 삼표)
6	한진	18	코오롱	30	새한
7	쌍용	19	동국제강		
8	한화	20	동부		
9	금호	21	아남		
10	동아	22	진로		
11	롯데	23	동양		
12	한라	24	해태		

■: 그룹해체 ■: 탈락

A (1) 외환위기로 해체된 기업: (　　　　)개

(2) 외환위기로 30위권 밖으로 밀려난 기업: (　　　　)개

1 강화고인돌공원 · 강화역사박물관

 청동기 시대 지배자의 무덤을 보러 가요!

강화고인돌공원은 유네스코 세계유산으로 지정된 청동기 시대 지배자의 무덤인 고인돌이 있는 곳이에요. 국내에서 가장 유명한 강화 부근리 고인돌과 같은 탁자식 고인돌을 직접 볼 수 있어요. 강화역사박물관에는 선사 시대부터 근현대까지의 조상들이 남긴 소중한 유물들이 전시되어 있답니다.

▲ 강화 부근리 고인돌

강화역사박물관 바로가기! ▶

 강화도 부근리 고인돌은 어떻게 만들어졌을까?

강화역사박물관에서 탁자식 고인돌 제작 과정을 살펴본 후, 고인돌 만드는 순서에 맞게 번호를 써 보세요.

받침돌을 세운 후 흙으로 채운다.

구덩이를 파고 받침돌을 세운다.

고인돌을 완성하고 제사를 지낸다.

덮개돌을 올린다.

단원마무리

2 장보고기념관 · 청해진 유적

 청해진 대사 장보고의 숨결을 느끼러 가요!

▲ 완도 청해진 유적
[출처: 국가유산청]

장보고 기념관은 장보고의 업적을 기리기 위해 장보고의 고향이자 청해진이 있었던 완도에 문을 열었어요. 장보고의 해양개척 정신을 현대 사람들에게 전하고, 역사 문화의식을 함양하는 교육의 장으로 활용하기 위해 세워졌지요. 전시실은 장보고의 흔적을 보고, 듣고, 만지는 체험형 입체 관람 시스템을 갖추고 있어 흥미로운 관람이 가능하답니다. 바로 근처에는 청해진의 흔적이 남아 있는 장도라는 섬이 있어요. 우리 함께 장보고의 숨결을 느끼기 위해 전라남도 완도로 떠나볼까요?

장보고기념관 바로가기! ▶

 일본 승려가 장보고에게 고마움을 표현했다고?

장보고가 해상왕으로 이름을 떨치던 당시에 활동했던 일본의 승려 엔닌이 기록한 여행기에 장보고와 관련된 기록이 등장한다고 해요. 장보고의 도움으로 당에 무사히 다녀와 고마운 마음을 표현했는데요, 이 기록의 이름은 무엇일까요?

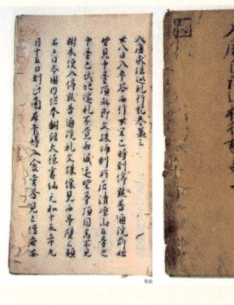

당, 행, 법, 기

입  구 □ 순 례  □
　당나라　　　　　　　다닐 행(行)　기록하다

PART 4

정치

01 고대 우리 역사상 가장 넓은 영토를 가진 나라는?
02 고려 태조 왕건에게 묻다: 낙타 50마리 죽음의 진실
03 조선 연산군, 광해군 … 이름에 얽힌 비밀?
04 근대 저수지 물을 사용할 때도 세금을 내라니?
05 근대 도와주세요! 우리 왕이 사라졌어요!
06 일제 강점기 세계유산 군함도, 한국인에게는 지옥도

선사 | **고대** | 고려 | 조선 | 근대 | 일제 강점기 | 현대

우리 역사상 가장 넓은 영토를 가진 나라는?

 keyword 찾아보기! 만주 벌판, 발해, 대조영, 해동성국

안녕하세요. 궁금한 것은 다 파헤치는 기자 이조사입니다. 광활한 만주 벌판을 누볐던 고구려의 뒤를 이어, 우리나라 역사상 가장 넓은 영토를 가졌던 나라는 어디일까요? 오늘의 궁금증은 역사 전문가 지식왕이신 선생님을 모시고 해결해 보겠습니다!

Q 안녕하세요! 오늘 저희가 파헤쳐 볼 나라는 어디인가요?

A 안녕하세요. 오늘 우리가 파헤쳐 볼 나라는 발해입니다. 발해는 698년에 고구려 옛 장군인 대조영이 건국한 나라예요.

Q 발해의 영토가 매우 넓었다고 하는데, 그 넓이는 어느 정도인가요?

A 발해의 영토가 기록된 자료들을 살펴보면, 그 크기는 최소 50만 km², 최대 63만 km²에 이른다고 해요. 한반도 면적의 2.2~2.8배에 달하는 크기라고 생각하면 엄청나지요?

▲ 발해의 영토

Q 발해 영토의 크기가 정말 엄청난걸요? 발해에 대해 더 설명 부탁드립니다.

A 발해는 당, 일본, 중앙아시아 등 여러 나라들과 활발히 교류했어요. 그리고 발해 사람 3명이 모이면 호랑이도 때려잡는다는 기록이 있을 정도로 발해 사람들은 용맹했답니다.

바다 동쪽의 발전한 나라(해동성국)라고 불릴 만큼 위대했던 발해의 위상을 우리 함께 상상해 볼까요?

대조영이 발해를 세우기까지

대조영은 고구려가 멸망한 후 강제로 당의 영주 지방에 옮겨 와 살고 있었어요. 어느 날 거란족이 반란을 일으켜 영주 지방이 혼란에 빠졌어요. 이에 대조영은 고구려 유민과 말갈족을 이끌고 당의 지배에서 벗어나 동쪽으로 이동했어요. 당의 설득을 거절하고 여러 번의 전투를 이겨낸 대조영은 동모산이라는 곳에서 성을 쌓고 발해를 건국했어요. 이후 흩어져 있던 고구려 유민들이 동모산 인근으로 모여들어 발해는 더욱 강해질 수 있었답니다.

광활하다: 아주 넓고 막힌 데가 없이 트인 것을 의미함
영토: 한 국가의 땅
건국: 나라가 세워짐 또는 나라를 세움
리: 거리의 단위, 1리는 약 0.39 km

위상: 어떤 사물이 다른 사물과의 관계 속에서 가지는 위치나 상태
반란: 정부나 지도자에 반대하여 공격하거나 싸움을 일으킴
유민: 망하여 없어진 나라의 백성
인근: 이웃한 가까운 곳

 빈칸 채우기

(1) 발해는 _____의 장군이었던 _____이 세운 나라이다.

(2) 발해는 영토가 넓고, 다른 나라들과의 경제·문화 교류도 하면서 크게 발전하여 _____이라 불렸다.

(3) 발해는 우리나라 역사상 가장 넓은 _____를 가진 나라이다.

1 유물로 살펴본 발해의 역사

Q 발해와 일본이 주고 받은 문서예요. 이 문서에 나와 있는 '고려'는 어느 나라일까요?

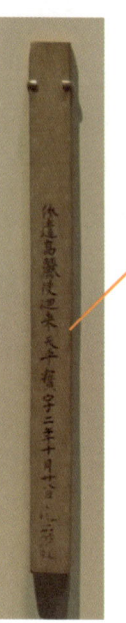

고려에 보낸 사절이 귀국했으니, 천평보자 2년(758) 10월 28일 위계를 두 단계 올린다.

이 나라는 고구려를 이어 받았다고 생각해 스스로를 고려라고 불렀어요.

A

힌트 이 나라와 고구려의 수막새 모양이 닮아 있어요.

▲ □□의 수막새

▲ 고구려의 수막새

2 사다리 타기 퀴즈

Q 사다리를 타고 내려 간 곳에 알맞은 답을 써 보세요.

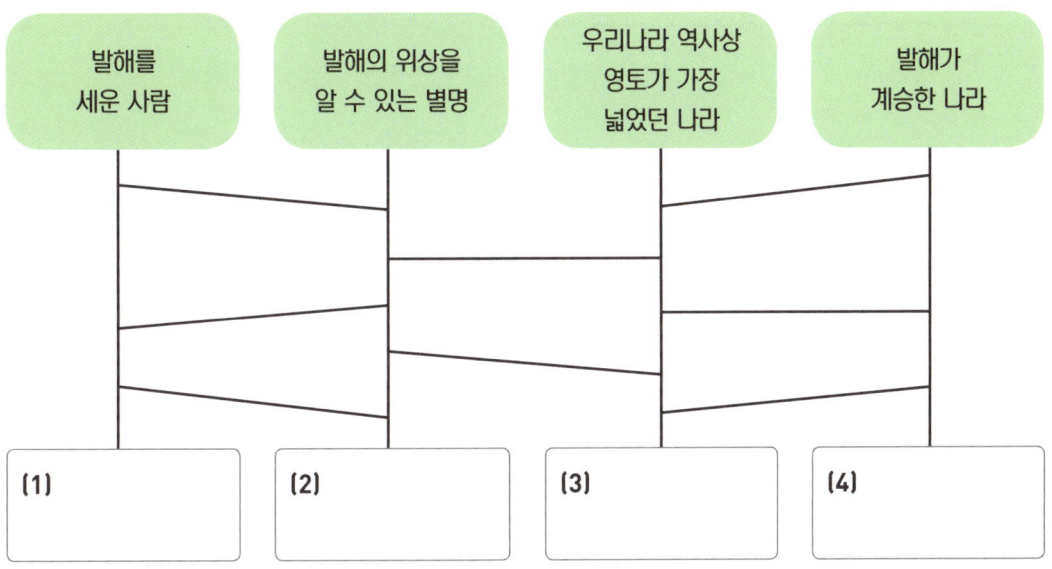

3 생각 펼치기: 발해 소개하기

Q 중국이 동북공정을 통해 발해를 중국의 역사로 만드려는 시도를 하고 있어요. 기사를 통해 알게 된 내용을 바탕으로 우리의 역사인 발해를 소개해 보세요.

A 발해는 (_____)이 세운 나라야. 그는 (_____) 유민이었지.

발해와 일본이 주고받은 문서를 보면 발해를 (_____)라고 부르고 있어. 또한,

발해가 대한민국의 역사인 것은 고구려의 (_____)와 발해의 (_____)

모양이 닮은 것을 통해서도 알 수 있어!

| 선사 | 고대 | **고려** | 조선 | 근대 | 일제 강점기 | 현대 |

태조 왕건에게 묻다: 낙타 50마리 죽음의 진실

🔑 **keyword 찾아보기!**   고려, 낙타, 만부교 사건, 태조 왕건, 거란, 북진 정책

안녕하세요. 고려 시대로 시간 여행을 온 왕고려 기자입니다. 지금 낙타 50마리가 다리 밑에서 굶어 죽는 만부교 사건이 발생한 사실로 떠들썩한데요, 왜 이러한 사건이 발생했는지 태조 왕건과의 인터뷰를 통해 알아가 보겠습니다.

Q 폐하. 왜 거란이 선물 보낸 낙타가 굶어 죽도록 명령하신 건가요?

A 우리의 원수인 거란에게 항의하는 차원에서 그러한 결정을 했느니라.

Q 거란이 어찌하여 우리 고려의 원수인가요?

A 거란이 우리의 형제 나라인 발해를 멸망시키고 우리나라의 정신이 깃든 옛 땅을 차지하고 있기 때문이니라.

Q 발해가 형제 나라고 거란이 우리의 옛 땅을 차지하고 있다는 것은 무슨 소리이신가요?

A 우리나라의 이름이 고려이지 않느냐. 삼국 시대에 존재하던 고구려를 계승한다는 뜻이다. 발해 역시 고구려 출신의 사람들이 세운 나라이니 우리의 형제 나라이지. 고구려의 영토도 장차 우리 고려가 되찾아야 할 땅이고 말이야.

Q 아! 아마도 앞으로 거란과 대결이 있을지도 모르겠습니다.

A 옛 고구려의 땅을 찾기 위한 북진 정책을 거란이 방해한다면 거란과의 대결을 피할 수 없을 것이니라.

태조 왕건의 북진 정책

고려는 스스로 고구려를 계승하는 나라라고 생각했어요. 그래서 왕건은 고구려가 차지했던 땅을 되찾고자 북진 정책을 선언하고 다음과 같은 일들을 추진했어요.

- 서경 중시: 평양성은 옛 고구려의 수도였던 곳이에요. 이곳에 허물어진 성을 다시 쌓고 '서경'(西京, 서쪽의 수도라는 뜻)이라 이름을 지어 주며 중요하게 여겼어요.
- 거란 경계 정책: 서경 주변의 영토를 조금씩 확보했어요. 특히, 발해를 멸망시키고 고구려의 옛 땅에 나라를 세웠던 거란을 경계하는 정책을 펼쳤어요.
- 발해 유민 포용: 발해가 멸망한 후 발해의 왕족과 유민들이 고려에서 살도록 지원했어요.

항의: 못마땅한 생각이나 반대의 뜻을 주장함
계승: 조상의 전통이나 문화유산, 업적을 물려받아 이어 나감
출신: 태어날 당시의 지역이나 사회적 신분
북진: 북쪽 땅으로 진격(진출)한다는 의미
포용: 상대를 너그럽게 감싸 받아들이는 것

 빈칸 채우기

(1) 태조 왕건은 거란이 보낸 □□□를 만부교 아래에서 굶어 죽게 했다.

(2) 만부교 사건은 태조 왕건이 □□□를 멸망시킨 거란에 대한 항의(경계)의 뜻을 담아 일으킨 것이다.

(3) □□□은 옛 고구려의 수도인 평양성이 있던 곳이다.

1 만부교 사건을 둘러싼 키워드 카드 고르기!

Q 만부교 사건에 대해 옳은 설명이 적힌 카드를 고르고, 카드 속 기호로 답을 적어 보세요.

A ♠
거란은 신라를 멸망시킨 나라이다.

2 ♥
거란이 선물로 보냈지만 만부교에서 죽은 50마리의 동물은 낙타이다.

3 ♣
태조 왕건은 주변 나라인 거란과 친하게 지내고 싶었다.

K ♦
왕건은 북진 정책을 펼치고자 했다.

Q ♥
만부교라는 다리는 고려의 수도인 개경에 있었다.

A

힌트 옳은 설명의 카드는 총 3개

(☐ , ☐ , ☐)

2 가로 세로 퀴즈

Q 가로, 세로 퀴즈를 풀고 빈칸을 채워 보세요.

가로 퀴즈	세로 퀴즈
1 고려의 수도였던 도시, 오늘날 북한의 개성 지역	3 적의 공격을 막기 위해 주변을 살피면서 지킴
2 북쪽 땅으로 진출하는 정책	4 적을 치기 위해 앞으로 나아감

3 생각 펼치기: 내가 역사가라면?

Q 만부교 사건에 대해 나는 어떤 의미를 부여하고 싶나요? 아래의 주장 중 하나를 고른 후 나의 생각에 대한 이유를 써 보세요.

A 저는 태조 왕건의 만부교 사건에 대해 (____)번과 같이 평가해요.

① 거란에 맞서 고구려를 계승한 의지를 보여준 당당한 판단

② 주변 나라인 거란과 사이가 나빠지게 한 부적절한 판단

그 이유는 (_____

_____) 때문이에요.

정치 105

| 선사 | 고대 | 고려 | **조선** | 근대 | 일제 강점기 | 현대 |

연산군, 광해군 … 이름에 얽힌 비밀?

🔑 **keyword 찾아보기!** 조, 종, 군, 묘호, 업적, 권위

태조, 정조, 광종, 세종, 광해군, 연산군, … 우리나라 왕의 이름을 부르다 보면 궁금증이 생길 수 있어요. 왜 어떤 왕은 '조', 어떤 왕은 '종', 어떤 왕은 '군'이 붙여졌을까요?

먼저, 우리가 부르는 태조, 세종과 같은 왕의 호칭을 묘호라고 해요. 묘호는 왕이 죽은 뒤, 살았을 때의 업적에 따라 '조' 또는 '종'을 붙여 만들었답니다. 원칙적으로 '조'는 태조와 같이 나라를 처음 세운 왕에게만 쓰는 호칭이고, 그 이후의 왕은 '종'으로 부르도록 되어 있었어요. 또한, 연산군과 같이 중간에 왕의 자리에서 쫓겨난 이들은 왕으로 인정받지 못하고 왕자 시절의 호칭인 '군'으로 불렸어요.

그렇다면, 고려에는 나라를 처음 세운 '태조' 왕건에게만 주어졌던 '조'가 조선에 와서는 왜 이렇게 많아졌을까요? 조선 시대에 들어서는 꼭 처음 나라를 세우지 않았더라도 엄청난 업적을 남겼거나, 그럴 필요가 있는 왕의 경우에는 왕의 위상을 더욱 높이기 위해서 묘호를 '종'에서 '조'로 바꾸었기 때문이에요. 나라를 세운 왕만큼 권위를 높여 주고 싶었던 것이었죠. 이런 호칭은 왕이 죽은 뒤에 붙여지기 때문에 죽기 전까지도 왕은 자신이 후대에 어떻게 불릴지 알지 못했어요.

부모님이 지어 주신 이름으로 불리다 세자가 되면 새로운 호칭을 받게 되고, 죽은 뒤 또 다른 호칭으로 불리게 되는 우리나라 왕 이름의 세계, 흥미롭지 않나요?

종묘제례와 종묘제례악

종묘는 조선의 역대 왕과 왕비들에게 제사를 지내는 공간이에요. 종묘에서 지내는 제사인 종묘제례는 왕이 직접 주관하기 때문에 조선에서 아주 중요한 행사랍니다. 종묘제례 때 흘러나오는 악기 연주에 맞춰 왕의 공덕을 기리는 노래를 부르면서 춤을 추는 것을 종묘제례악이라고 해요. 종묘제례와 종묘제례악은 우리가 지켜야 할 유네스코 무형문화유산으로 지정되어 있답니다. 매년 5월 첫째 주 일요일, 11월 첫째 주 토요일에 종묘를 방문하면 종묘제례를 볼 수 있어요.

▲ 종묘제례악

호칭: 이름을 지어 부름 또는 그 이름
원칙: 어떤 행동 등에서 바뀌지 않고 지켜야 하는 기본적인 규칙이나 법칙
권위: 특별한 능력, 자격 등으로 남을 이끌어서 따르게 하는 힘

역대: 이전부터 이어 내려온 여러 대
주관: 어떤 일을 책임지고 맡아 관리함
공덕: 좋은 일을 해서 쌓은 업적과 훌륭한 인품
기리다: 칭찬하고 기억함

 옳은 단어 고르기

(1) 나라를 세운 왕에게는 (조 / 종)(이)라는 묘호가 붙는다.

(2) 연산군은 (훌륭한 업적을 세운 / 중간에 쫓겨난) 왕이다.

(3) 묘호는 왕이 (살아 있을 때 / 죽은 뒤) 붙이는 호칭이다.

1 나의 이름을 찾아줘!

Q 여기 찢겨진 가계도가 있어요. 누구의 가계도일까요?

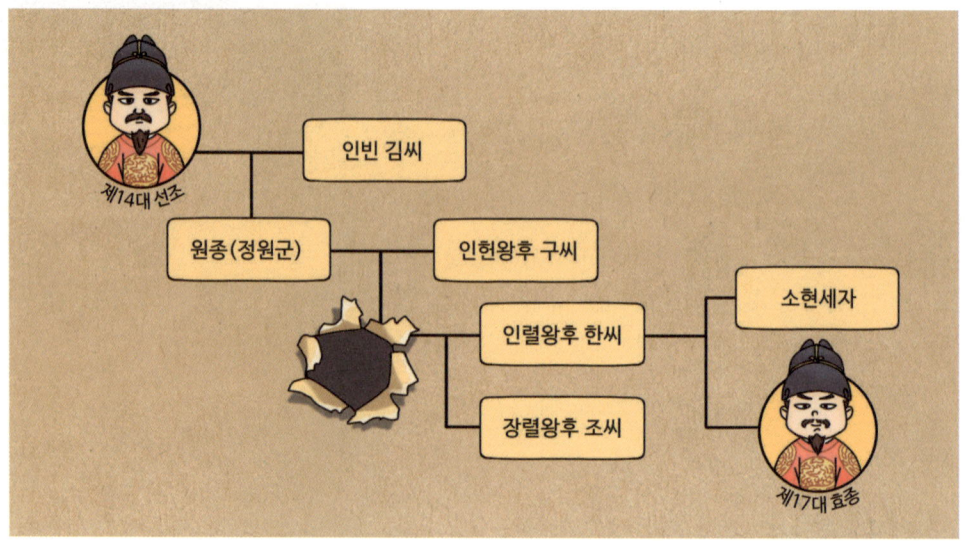

A

힌트
- 후손들은 이 왕을 어진 사람이라고 생각해 어질 인(仁)이라는 한자를 사용했어요.
- 이 왕은 나라를 세우지는 않았지만 위상을 높여야 할 필요가 있어요.

(　　)

2 내가 만드는 핵심 문장!

Q 보기에 있는 단어를 모두 사용해서 문장을 만들어 보세요.

> **보기** 업적, 조, 종, 군

3 생각 펼치기: 내가 왕이었다면?

Q 내가 왕이었다면, 후손들은 나를 어떤 호칭으로 불렀을 것 같나요? 그 이유는 무엇인가요?

A 저는 (_____)(이)라고 불렸을 것 같아요. 그 이유는 (_____

_____

_____) 때문이에요.

정치 109

선사　　고대　　고려　　조선　　**근대**　　일제 강점기　　현대

저수지 물을 사용할 때도 세금을 내라니?

🔑 keyword 찾아보기!　　조선, 개화, 동학 농민 운동, 봉기, 청군, 일본군, 평등

안녕하세요. 역사를 낱낱이 파헤치고자 변화하는 조선으로 시간 여행을 온 기자 김낱낱입니다. 나라 밖에서는 서양 국가들이 문을 두드리고, 나라 안에서는 개화 세력과 개화 반대 세력이 다투던 조선, 당시 백성들이 분노했던 사건이 있었다고 하는데요, 어떤 일이 있었는지 인터뷰해 보겠습니다.

Q 안녕하세요! 자기소개 부탁드려요.

A 안녕하세요. 저는 동학 농민 운동을 이끌었던 전봉준입니다.

Q 동학 농민 운동은 어떤 사건이고 왜 일어난 건가요?

A 요즘 탐관오리들의 부정부패로 백성들의 삶이 아주 힘든 상황입니다. 그런데 고부 군수 조병갑이 농사를 지을 때 가장 필요한 저수지의 물 사용에도 세금을 내라고 하면서 백성들이 분노한 것이죠. 게다가 그 저수지는 백성들의 노동으로 만들어진 것이니 동학을 믿으며 새로운 세상을 꿈꿔온 백성들이 더는 참을 수 없어 봉기를 일으킨 것입니다.

Q 그렇다면 봉기는 성공했나요?

A 조선의 조정이 우리를 진압하기 위해 청군을 부르자 일본군까지 조선에 들어오면서 봉기는 실패로 끝났어요. 우리는 그저 백성을 괴롭히는 나쁜 관리들을 없애고, 신분 차별을 없애 모두가 평등한 사회가 되기를 바랐답니다.

둥글게 적힌 사발통문

동학 농민 운동은 두 차례에 걸쳐 일어났어요. 첫 번째는 백성을 괴롭히는 탐관오리에 반발하여, 두 번째는 조선의 경복궁을 공격한 일본을 물리치기 위해 일어났어요. 동학 농민 운동에는 동학교도, 농민뿐만 아니라 선비까지 다양한 계층이 참여했어요. 이들은 참여자의 이름을 통문에 적었는데, 맨 앞에 이름이 적힌 사람이 주도자라고 생각하는 것을 막기 위해 둥근 사발을 엎어 놓고 그린 원을 중심으로 참가자의 이름을 둥글게 적었어요. 사발통문에 적힌 이들이 꿈꾸는 세상은 어떤 세상이었을까요?

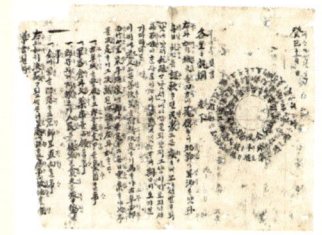
▲ 사발통문

개화: 옛 생각이나 낡은 문물에서 새로운 변화를 만들어 감
동학: 서학(서양의 학문이나 종교)에 반대하여 만들어진 민족 종교
탐관오리: 재물을 탐하고 행실이 나쁜 관리
부정부패: 바르지 못하고 타락함
봉기: 많은 사람들이 떼지어 힘차게 들고일어남
통문: 여러 사람에게 알리는 문서
사발: 사기로 만든 국그릇, 밥그릇

 빈칸 채우기

(1) 관리들의 _____ 로 인해 농민들이 반발하며 동학 농민 운동을 일으켰다.

(2) 동학 농민군은 _____ 차별을 없애자고 제안했다.

(3) 동학 농민군은 _____ 을 물리치기 위해 한 번 더 봉기를 일으켰다.

생각해요

1 노래로 알아보는 전봉준

Q 동학 농민 운동을 이끌었던 전봉준을 부르던 별명은 무엇이었을까요?

새야새야 파랑새야~
녹두밭에 앉지 마라~
녹두 꽃이 떨어지면~
청포장수 울고간다~

▲ 체포되어 조사 받고 법무아문으로 이송되는 전봉준

A

힌트 파랑새는 일본군, 청포장수는 동학 농민군을 지지한 민중을 의미해요.

(☐ ☐) 장군 전봉준

2 O / X 퀴즈

Q 다음 문장을 읽고 맞으면 O, 틀리면 X에 표시하세요.

(1) 동학 농민 운동은 전봉준이 농민과 함께 일으킨 운동이다. ☐O ☐X

(2) 사발통문 속 참여자의 이름을 둥글게 적은 이유는 주도자를 드러내기 위해서이다. ☐O ☐X

(3) 동학 농민군이 다시 봉기한 것은 경복궁을 공격한 일본을 물리치기 위해서다. ☐O ☐X

3 생각 펼치기: 동학 농민군이 꿈꾼 세상은?

Q 동학 농민군이 주장했던 개혁 내용을 살펴보고, 동학 농민군의 입장에서 그들이 꿈꾼 세상에 대해 적어 보세요.

<14개조 개혁 정강>
- 탐관오리는 그 죄목(죄의 이유)을 조사하여 처벌한다.
- 노비 문서를 불태운다.
- 관리를 채용할 때 지역 차별 없이 인재(재주가 뛰어난 사람)를 등용한다.

A 제가 생각했을 때 동학 농민군은 (_____

_____) 세상을

꿈꿨을 것 같아요.

| 선사 | 고대 | 고려 | 조선 | **근대** | 일제 강점기 | 현대 |

도와주세요!
우리 왕이 사라졌어요!

keyword 찾아보기! 명성 황후 시해 사건, 일본, 단발령, 의병, 러시아, 아관 파천

　1896년 2월 11일 조선의 궁궐에서는 조용한 움직임이 있었어요. 바로 조선의 제26대 왕인 고종이 경복궁에서 사라진 사건인데요, 무슨 일이 일어났길래 한 나라의 왕이 궁에서 사라진 걸까요?

　명성 황후 시해 사건(을미사변)이 일어난 후 조선에 대한 영향력을 가지게 된 일본은 친일 내각을 만들어 백성들의 상투를 자르도록 하는 단발령을 실시했어요. 명성 황후 시해 사건과 단발령 실시로 불만이 많아진 백성들은 곳곳에서 의병 운동을 일으켰지요. 이때 고종은 경복궁에 거의 감금된 채로 일본군의 감시를 받고 있었답니다.

　자신의 아내 명성 황후와 같이 자신도 살해당할지 모른다는 위협을 느끼고 있던 고종은 친러파 이범진을 통해 러시아에 편지를 보내 지원을 요청했어요.

　2월 11일, 고종은 왕세자 순종과 함께 엄상궁의 가마를 타고 경복궁을 빠져나와 러시아 공사관으로 피신할 수 있었답니다. 우리는 이 사건을 '아관 파천'이라고 부르지요.

　조선에 들어 온 일본 세력을 잠재우기 위해 러시아의 도움을 받았던 고종의 행동, 어떻게 보여지나요?

커피 애호가 고종과 커피 이야기

커피는 언제 우리나라에 처음 들어 왔을까요? 고종이 아관 파천 당시에 한국인 최초로 커피를 즐기기 시작했다는 이야기가 있지만 이는 사실이 아니라고 해요. 아관 파천이 일어나기 30여 년 전 프랑스 신부를 통해 커피가 들어왔다는 기록이 있어요. 처음 커피가 들어왔을 때는 커피를 '가비' 또는 '가배'라고 불렀답니다. 또한, 미국의 학자 퍼시벌 로웰(Perciaval Lowell)이 저술한 『조선, 고요한 아침의 나라』에는 1880년대 조선 양반들 사이에서 커피를 마시는 것이 최신 유행이었다고 적혀 있어요.

내각: 국가의 행정을 담당하는 기관
상투: 머리카락을 모두 올려 빗어 정수리 위에서 틀어 감아 맨 머리 모양
시해: 대통령, 임금 등 지위가 높은 사람을 죽임
친러파: 러시아와 친하게 지내는 사람
공사관: 외교관이 해외에 파견되어 일을 하는 곳
피신: 위험을 피하여 몸을 숨김
신부: 가톨릭에서 종교적인 의식을 진행하는 성직자

 옳은 단어 고르기

(1) 명성 황후가 시해된 후 (친일 / 친러) 내각이 만들어졌다.

(2) 경복궁에 남아있던 고종은 위협을 느끼며 (편안해 했다 / 불안해 했다).

(3) 고종은 가마를 타고 (일본 / 러시아) 공사관으로 피신했다.

1 고종의 비밀 편지

Q 여러 개의 편지를 조합해서 고종이 경복궁을 빠져 나온 과정을 나열해 보세요.

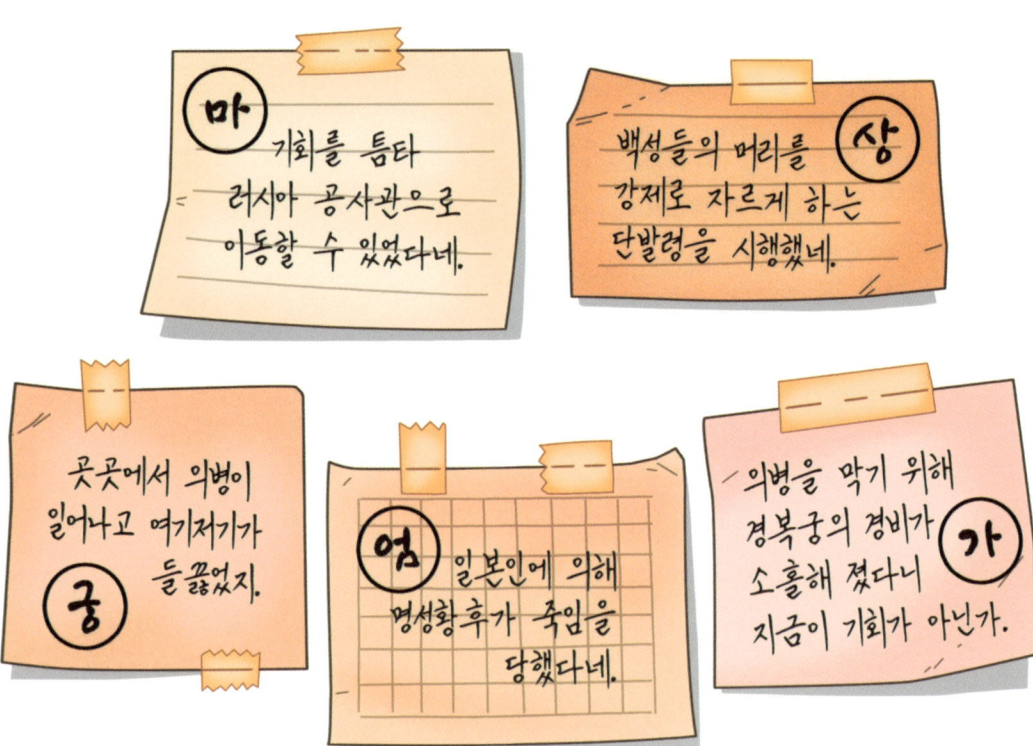

A

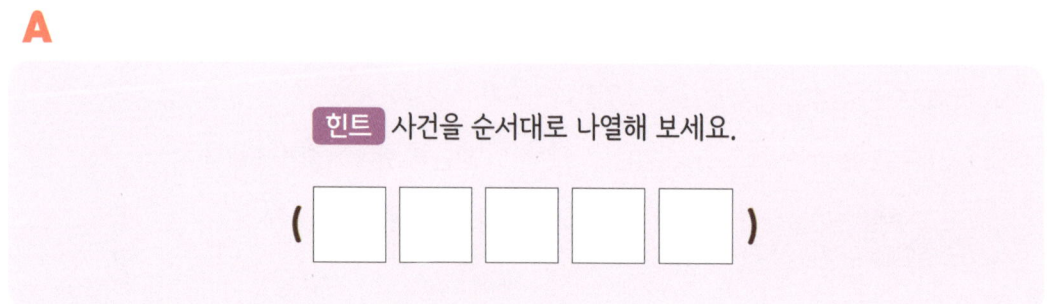

힌트 사건을 순서대로 나열해 보세요.

2 초성 퀴즈

Q 문장을 읽으며 네모 칸 안에 있는 초성 퀴즈를 풀어 보세요.

(1) 명성 황후 시해 사건과 단발령 실시에 대한 반발로 ㅇ ㅂ 이 일어났다.

(2) 고종이 ㄹ ㅅ ㅇ 공사관으로 거처를 옮겨 간 사건을 ㅇ ㄱ ㅍ ㅊ 이라고 한다.

3 생각 펼치기: 각자의 입장 되어보기

Q 고종이 러시아 공사관으로 옮겨간 상황에 대한 자신의 생각을 표현할 수 있는 단어를 보기에서 고르고, 그 이유에 대해서도 써 보세요.

> **보기** 아쉽다   분하다   다행이다   기쁘다   설레다   슬프다
> 만족스럽다   안타깝다   후회하다   창피하다   억울하다   불편하다

A (1) 고종은 (_____) 것 같아요. 그 이유는 (_____
_____) 때문이에요.

(2) 일본은 (_____) 것 같아요. 그 이유는 (_____
_____) 때문이에요.

(3) 러시아는 (_____) 것 같아요. 그 이유는 (_____
_____) 때문이에요.

정치 117

| 선사 | 고대 | 고려 | 조선 | 근대 | **일제 강점기** | 현대 |

세계유산 군함도, 한국인에게는 지옥도

🔑 **keyword 찾아보기!**   군함도, 석탄, 징용, 산업 혁명, 세계유산

일본 나가사키에서 약 14.5 km를 가면 무인도가 하나 있어요. 일본어로 '하시마'인 이 섬은 군함을 닮은 모양 때문에 '군함도'라는 별명이 붙여졌어요.

군함도에는 석탄이 묻혀 있었어요. 석탄은 전기를 만들거나 철을 만들 때 매우 중요하게 사용되었기 때문에, 석탄을 채굴하는 것은 아주 중요한 일이었어요. 1940년대 일제 강점기에 수많은 한국인들이 징용을 당해 군함도에 있는 갱도에서 석탄을 캐며 강제 노동을 해야만 했어요.

▲ 군함도

똑바로 서 있기도 힘든 비좁은 곳에서 제대로 먹지도 못하며 하루에 12시간 이상 일을 해야만 했던 수많은 한국인들은 이곳에서 목숨을 잃기도 했어요. 위험하고 힘들지만 벗어날 수 없는 섬이었던 군함도, 한국인들에게는 이곳이 바로 '지옥도'였답니다.

일본은 군함도가 자국의 산업 혁명을 잘 보여 주는 장소라고 내세웠고 군함도는 유네스코 세계유산으로 등재되었어요. 유네스코는 '징용되었던 피해자들의 역사를 알리라'고 말하고 있지만, 일본은 계속 그 약속을 지키지 않고 있어요.

죽기 직전까지 강제로 일하고, 죽고 나서야만 군함도에서 벗어날 수 있었던 수많은 한국인들을 위해 우리가 이곳을 기억하고 지켜봐야 하지 않을까요?

1930년대 이후의 일제 강점기 한국인의 삶

1930년대 이후의 일제 강점기 한국인들은 어떤 삶을 살았을까요? 먼저 일본은 우리의 모국어인 한국어를 없애려고 했답니다. 학교에서 일본어만 사용하게 했으며 한국인들의 이름을 일본식 이름으로 바꾸도록 했어요. 그리고 한반도를 발판으로 삼아 다른 나라에까지 세력을 키우기 위해 전쟁을 준비하며 한국인과 물건을 수탈해 갔어요. 나이와 성별에 상관없이 강제로 끌고 가 노동을 시키기도 하고, 여자들은 일본군 '위안부'로 내몰기도 했어요. 이런 고달픈 삶을 살았던 한국인들은 그 무엇보다 간절히 독립을 꿈꾸었을 것 같아요.

군함: 전투에 참여하는 해군의 배
채굴: 땅 속에 묻혀있는 광물 등을 캐냄
징용: 전쟁 등의 위급한 일이 일어났을 때 나라에서 강제로 국민을 데려다가 일하게 함
산업 혁명: 기술의 발달로 생긴 사회 · 경제의 변화
등재: 이름이나 어떤 내용을 적어 올림
모국어: 자기 민족의 말
수탈: 약한 상대의 것을 강제로 빼앗음
고달프다: 몸이나 처지 또는 하는 일이 몹시 힘들고 어려움

문해력쑥쑥 빈칸 채우기

(1) 하시마는 군함을 닮은 모양 때문에 ☐ 라는 별명이 있다.

(2) 죽어서야 벗어날 수 있었던 군함도를 한국인들은 ☐ 라고 했다.

(3) 일본의 하시마는 ☐ 으로 등재되었다.

1 군함도에서 온 일기

Q 틀린 단어를 고치고 암호를 풀어 보세요.

> 194✕년 ✕월 ✕일
>
> 오늘도 아침 일찍 일어나 석탄을 채굴하러 갔다. 봄은 갱도에서 일하는 것도 너무 힘들지만 더 힘든 것은 먹을 것아 부족하단 것이다. 먹지 못하고 허리를 세울 수도 없는 갯도에서 12시간씩 실을 해야 한다. 탈출은 꿈꿀 수도 없다. 탈출을 시도하다 잡혀오면 더욱 치욕스럽고 끔찍한 일을 당하기 때문이다. 고향에 있는 가족들시 정말 그립다. 지옥도에서 어서 벗어나고 싶다.

A

힌트 틀린 단어의 고친 글자를 조합해 보세요. 원래 글자를 찾기 힘들다면 아래의 규칙 표를 살펴보세요.

예시 나는 간국에서 욘 사람입피다. → ㅎㅗㄴ (혼)

X	ㅣ	ㅡ	ㅠ	ㅜ	ㅛ	ㅗ	ㅕ	ㅓ	ㅑ	ㅏ	ㅎ	ㅍ
O	ㅏ	ㅑ	ㅓ	ㅕ	ㅗ	ㅛ	ㅜ	ㅠ	ㅡ	ㅣ	ㄱ	ㄴ
X	ㅌ	ㅋ	ㅊ	ㅈ	ㅇ	ㅅ	ㅂ	ㅁ	ㄹ	ㄷ	ㄴ	ㄱ
O	ㄷ	ㄹ	ㅁ	ㅂ	ㅅ	ㅇ	ㅈ	ㅊ	ㅋ	ㅌ	ㅍ	ㅎ

(☐ ☐)

2 숨은 단어를 찾아라!

Q 주제와 관련된 단어들을 찾아 보세요.

주제 1930년대 이후의 일제 강점기 한국인의 삶

일	제	강	점	기	라	한
대	발	문	유	국	군	부
계	징	사	안	원	함	안
가	일	용	도	바	도	위

3 생각 펼치기: 군함도 바르게 알리기

Q 군함도는 일본의 산업 혁명을 잘 보여 주는 곳으로 유네스코 세계유산으로 등재됐어요. 하지만 이곳은 한국인이 강제 노동을 했던 곳이에요. 군함도의 아픈 역사를 바르게 알릴 수 있는 포스터를 그려 보세요.

반크 글로벌 포스터 바로가기! ▶

1 속초시립박물관

 발해의 위대함을 함께 느껴 보세요!

발해 유적지는 현재 중국, 러시아 등 외국에 있기 때문에 우리가 직접 가서 발해를 알아보기에는 어려움이 있어요. 속초시립박물관 발해역사관에서는 발해의 건국부터 발전까지 유물과 함께 살펴볼 수 있답니다. 특히, 이곳에서는 당과 고구려의 무덤 양식을 결합해서 만든 정효공주의 무덤을 재현해 놓았어요. 속초시립박물관에 방문해서 발해의 역사를 살펴보고 그 위대함을 함께 느껴봐요!

[출처: 한국학중앙연구원]

▲ 실제 정효공주 무덤 벽화

속초시립박물관 바로가기! ▶

 발해 사람들은 어떤 옷을 입었을까요?

정효공주 무덤 내부에는 12명의 당대 사람들이 그려진 벽화가 있어요. 이들의 옷차림을 따라 그려보고 발해인들은 어떤 옷을 입었을지 상상해 보세요.

단원마무리

2 국립일제강제동원역사관

 강제 동원의 아픈 역사, 함께 기억해요.

국립일제강제동원역사관은 일제 강점기에 강제 동원되었던 한국인들을 기억하고 그들이 살았던 가혹했던 삶을 알리기 위한 곳이에요. 이곳에서 강제 동원되었던 한국인들의 이야기를 듣고 살펴보며 그들이 어떤 생활을 했을지 짐작해 볼 수 있어요. 어린이를 위한 교육 프로그램과 온라인 전시도 운영되고 있어요. 현재까지 계속되고 있는 강제 동원의 아픈 역사를 알아보는 것은 어떨까요?

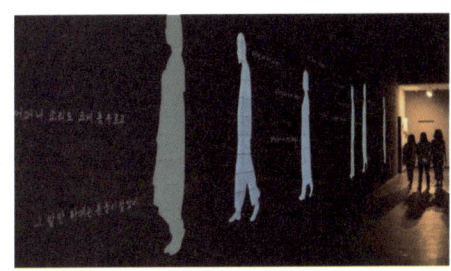

[출처: 부산광역시]

▲ 국립일제강제동원역사관

국립일제강제동원역사관 바로가기! ▶

 강제 동원된 한국인의 수를 가늠해 보세요.

(1) 1942년 총 인구수
(2) 한국인 강제 동원 총수
(3) 노무 동원수

(1) 1942년 총 인구수   (   )명
(2) 한국인 강제 동원 총수 (   )명
(3) 노무 동원수   (   )명

상설전시실(온라인)을 관람하며 각 표의 숫자를 채워보고, 강제 동원당한 한국인의 수가 어느 정도일지 확인해 보면서 그들을 위해 추모하는 시간을 가져 보세요.
[전시 → 상설전시 → 상설전시실 1 → '일제강제동원의 개념' → 2번째 페이지]

국립일제강제동원역사관 온라인 상설 전시실 바로가기! ▶

PART 5
전쟁

01 고대 계백, 가족을 몰살하다
02 고려 살생은 금지하지만 나라는 구하겠소!
03 조선 임진왜란의 기묘한 이야기, 왜적을 물리친 원숭이
04 조선 오랑캐에게 머리를 숙이자고?
05 일제 강점기 지금부터 대한민국 공군이 안전하게 호위하겠습니다!
06 현대 철마는 언제쯤 달릴 수 있을까요?

선사 | **고대** | 고려 | 조선 | 근대 | 일제 강점기 | 현대

계백, 가족을 몰살하다

🔑 **keyword 찾아보기!**   삼국 시대, 백제, 나당 연합, 김유신, 황산벌

안녕하세요. 평화를 좋아하는 신평화 기자입니다. 오늘은 혼란스러운 삼국 시대로 시간 여행을 왔는데요, 나라의 운명을 건 전투를 앞둔 백제의 계백 장군님을 모시고 이야기 나누어 보도록 하겠습니다.

Q 안녕하세요! 자기소개 부탁드려요.
A 안녕하세요. 저는 백제의 장군 계백입니다.

Q 지금 백제의 상황은 어떤가요?
A 신라가 당과 나당 연합군을 결성해 대규모의 군사를 이끌고 백제를 침공하자 신라의 김유신 장군이 황산벌로 진군했고, 저도 왕의 명을 받아 5천여 명의 결사대를 조직해 황산벌로 왔습니다. 저와 백제의 군대는 마지막이라는 생각으로 목숨을 걸고 이곳에서 싸우고 있답니다.

Q 장군님이 전장으로 가기 전 가족을 몰살했다고 알고 있는데요, 혹시 이유는 무엇일까요?

A 내가 이 싸움에서 지면 백제는 멸망할 것이고, 우리 가족들은 삶을 유지하더라도 적의 노비로 치욕적인 삶을 살게 될 것입니다. 그런 수모를 당하느니 차라리 내 손에 죽는 것이 낫지 않습니까?

여러분은 가족을 모두 죽인 계백의 행동에 대해 어떻게 생각하나요?

백제, 멸망을 맞이하다

7세기 백제의 의자왕은 신라를 공격해 40여 개의 성을 함락시켰어요. 백제의 움직임에 위기를 느낀 신라의 김춘추는 고구려에 도움을 요청했지만 거절당하면서 당과 연합하게 되었어요. 나당 연합군이 백제를 공격하자, 계백은 이에 맞서 지금의 충남 논산시 연산 지역의 황산벌에서 전투를 벌였어요. 그러나 백제는 수적으로 우세한 신라군에게 패배하면서 700여 년의 역사를 등지고 멸망하게 되었답니다.

어휘 쑥쑥

결성: 조직이나 단체를 짜서 만듦
침공: 다른 나라를 침범하여 공격함
진군: 적을 치러 군대가 나아감
결사대: 죽기를 각오하고 힘을 다할 것을 결심한 무리

치욕: 수치스러움과 모욕을 당하는 것 같은 부끄러운 감정
수모: 모욕을 받음
함락: 적의 성 등을 공격하여 무너뜨림
우세: 상대편보다 힘이나 세력이 강함

문해력 쑥쑥 빈칸 채우기

(1) 당과 연합한 신라는 백제를 _____ 했다.

(2) 계백은 가족들이 _____ 적인 삶을 살지 않게 하려고 황산벌 전투 전에 모두 죽였다.

(3) 계백은 5천여 명의 _____ 로 신라군과 치열하게 싸웠다.

1 암호 해독하기

Q 암호를 해독한 후에 신라의 삼국 통일의 과정을 순서대로 적어 보세요.

▬	▭	▲	△	◆
1	2	3	4	5

◇	◈	◉	◎	●
6	7	8	9	0

A

힌트 기호는 각 사건이 발생한 연도예요.

삼국 통일	백제 멸망	고구려 멸망	나당 동맹
◇◈◇	◇◇●	◇◇◉	◇△◉

(1) ☐ ☐ ☐ ☐

↓

(2) ☐ ☐ ☐ ☐

↓

(3) 고구려 멸망

↓

(4) ☐ ☐ ☐ ☐

2 O / X 퀴즈

Q 다음 문장을 읽고 맞으면 O, 틀리면 X에 표시하세요.

(1) 백제 의자왕은 신라의 성 40여 개를 함락시켰다. [O] [X]

(2) 신라는 고구려와 연합한 후 백제를 침공했다. [O] [X]

(3) 계백은 신라의 장군이다. [O] [X]

(4) 계백이 황산벌 전투에서 패배하면서 백제가 멸망했다. [O] [X]

3 생각 펼치기: 내가 계백의 가족이었다면?

Q 여러분이 계백의 가족이었다면, 목숨을 빼앗는 아버지 또는 남편의 행동을 어떻게 생각했을 것 같나요? 내가 계백의 가족이라면, 계백에게 어떻게 말했을지 상상하여 적어 보세요.

A 제가 계백의 가족이라면 계백의 행동을 (_____

_____)라고 생각했을 것 같아요.

그래서 계백에게 (_____)

라고 말했을 거예요.

| 선사 | 고대 | **고려** | 조선 | 근대 | 일제 강점기 | 현대 |

살생은 금지하지만 나라는 구하겠소!

🔑 keyword 찾아보기! 불교, 고려 시대, 몽골, 김윤후, 처인성, 충주성

불교는 생명을 소중하게 여겨 살생을 금지하고 있다는 사실 알고 있나요? 하지만 우리나라의 역사를 살펴보면 전쟁에서 활약한 승려들이 꽤나 많이 있답니다. 고려 시대의 김윤후도 전쟁에 나가 위기에서 나라를 구했던 승려 중 한 사람이에요.

1232년, 칭기즈 칸의 나라 몽골이 2차로 고려를 침입하자, 당시 승려였던 김윤후는 처인성에 피난을 가 있었어요. 몽골의 장수 살리타이가 처인성을 공격하자 김윤후와 처인성의 사람들은 힘을 합쳐 살리타이를 쓰러트렸어요. 살리타이가 죽으면서 몽골군은 철군했고 몽골의 2차 침입은 끝이 났어요.

김윤후는 처인성에서의 활약을 인정받아 충주성을 지키는 관직을 받았어요. 1253년, 몽골의 5차 침입으로 충주성이 포위되자 김윤후는 "누구든 힘을 다 바쳐 싸우는 자라면 귀천의 차별 없이 모두 벼슬을 주겠다"라며 병사들의 사기를 북돋았어요. 충주의 병사들은 있는 힘을 다해 싸웠고, 결국 몽골군은 충주성을 함락시키지 못했어요.

살생을 해서는 안 되지만, 위기에 빠진 나라를 구하기 위해 어쩔 수 없는 선택을 했던 김윤후. 아마 부처님도 기특하게 보고 용서해 주시지 않을까요?

몽골의 침략과 고려의 항쟁

칭기즈 칸이 세운 몽골은 뛰어난 전투 능력으로 전 세계의 영토를 침공하여 대제국을 세웠어요. 1231년, 고려에도 몽골군이 침략하자 고려는 굳은 의지로 강화도로 수도를 옮기며 무려 40여 년 동안 6차례에 걸쳐 맞서 싸웠어요. 그러나 1270년, 고려가 결국 몽골에 항복을 하면서 전쟁이 끝나게 되었어요. 현존하는 것 중 세계에서 가장 오래된 목판 인쇄물인 팔만대장경이 이때 만들어졌는데, 부처의 힘으로 몽골군을 막고자 했던 고려의 의지가 담겨 있어요.

살생: 사람이나 짐승 등의 생물을 죽임
철군: 주둔했던 군대를 철수함
관직: 관리(공무원)가 국가로부터 받은 업무
귀천: 신분의 귀함과 천함
사기: 의욕이나 자신감으로 충만하여 굽히지 않는 기세

 빈칸 채우기

(1) 불교는 생명을 소중하게 여겨 ☐ 을 금지한다.

(2) 김윤후의 활약으로 살리타이가 죽자 몽골군은 ☐ 하여 돌아갔다.

(3) ☐ 에는 부처의 힘으로 몽골을 막고자 했던 고려의 의지가 담겨있다.

생각해요

1 수도를 강화도로 옮긴 고려

Q 몽골군이 침입하자 고려가 바다에 둘러싸인 강화도로 수도를 옮긴 까닭은 무엇일까요?

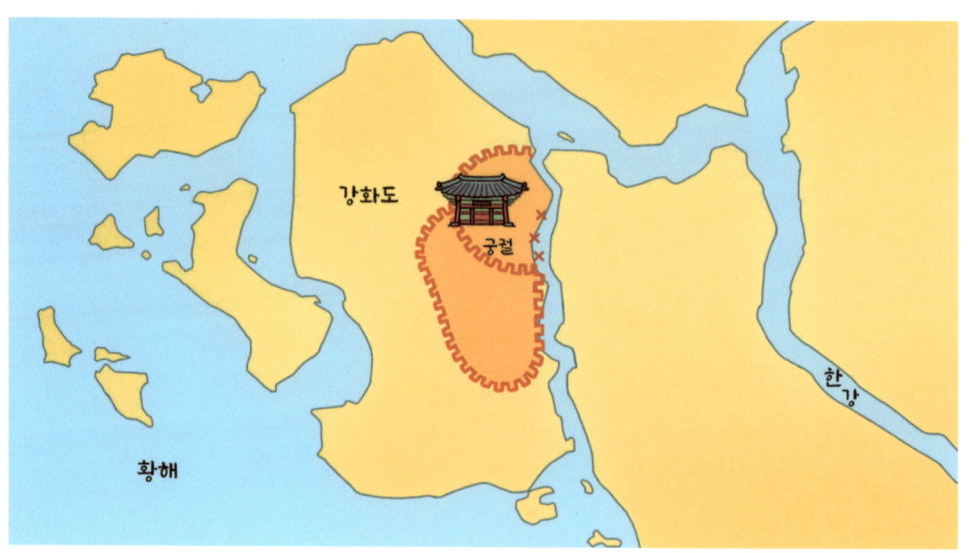

A

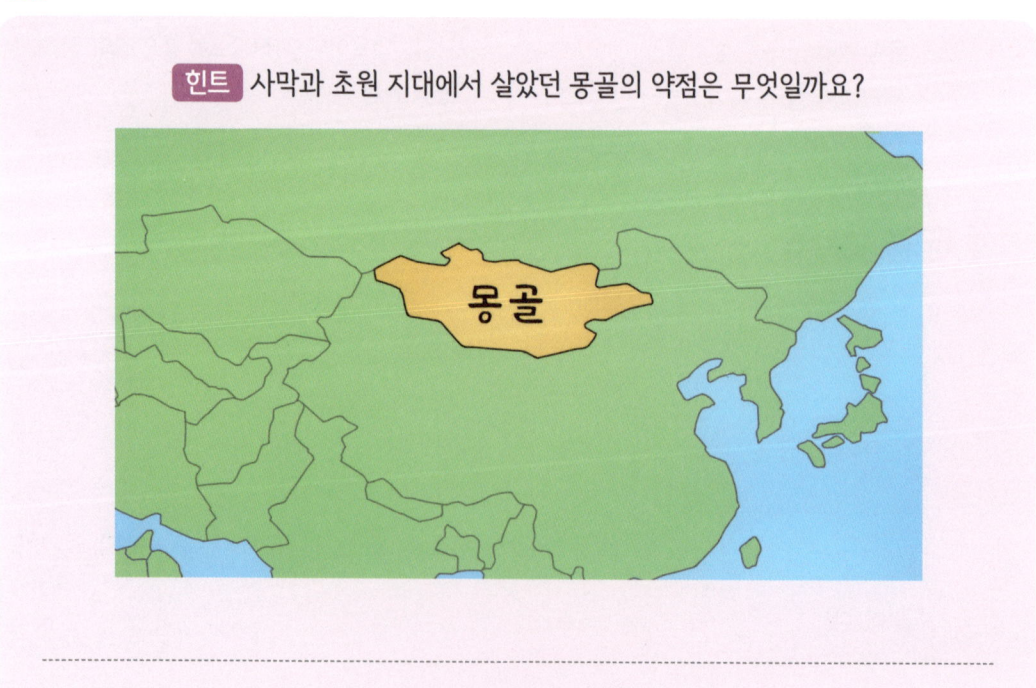

힌트: 사막과 초원 지대에서 살았던 몽골의 약점은 무엇일까요?

2 내가 만드는 핵심 문장!

Q 보기에 있는 단어를 모두 사용해서 문장을 만들어 보세요.

> 보기　고려, 몽골, 김윤후, 처인성, 충주성

3 생각 펼치기: 팔만대장경에 어떤 내용을 적을까요?

Q 여러분이 팔만대장경을 만드는 고려 사람이었다면, 부처의 힘으로 몽골을 물리치고자 했던 팔만대장경에 어떤 내용을 적었을까요?

A 저는 팔만대장경에 (　　　　　　　　　　　　　　　　　　　　　)

내용을 적었을 것 같아요. 그 이유는 (　　　　　　　　　　　　　　

　　　　　　　　　　　　　　　　　　　　　　　　　　　　　　

　　　　　　　　　　　　　　　　　　　　　　　　　) 때문이에요.

| 선사 | 고대 | 고려 | **조선** | 근대 | 일제 강점기 | 현대 |

임진왜란의 기묘한 이야기, 왜적을 물리친 원숭이

🔑 keyword 찾아보기! 　임진왜란, 명나라, 조명 연합군, 원숭이

안녕하세요. 조선으로 시간 여행을 온 원오랑 기자입니다. 모두 믿기지 않은 눈치였습니다! 취재 기자인 저도 놀라 사진기 셔터를 누를 수 없었으니까 말이죠.

임진왜란 당시 전쟁의 한복판에서 찾아볼 수 있었던 원숭이 군사의 이야기인데요,

▲ 「천조장사전별도」

그림의 가운데에서 볼 수 있는 털이 북실북실하게 나 있는 사람 형체의 동물! 네, 바로 원숭이입니다.

이게 어찌 된 일일까요? 취재 결과, 이 털북숭이 동물들은 명군대 소속의 원숭이 기병 부대로 밝혀져 사람들에게 놀라움을 주고 있습니다. 임진왜란 당시 명이 조선을 돕기 위해 조명 연합군을 결성하고 일본(왜)에 맞서 전투를 치렀는데요, 이때 원숭이 부대가 전투에 투입되었다는 것이 기록을 통해서도 전해지고 있습니다. 흥미로운 사실이죠? 그 생생한 기록 한 편을 살펴보며 기사를 마치고자 합니다.

"명 장군 양호(揚鎬)는 원숭이(弄猿) 기병 수백 마리를 데리고 … 숨어 공격하게 했다. 원숭이는 말에 채찍을 가해서 적진으로 돌진했다. 왜적들은 원숭이를 처음으로 보게 되자 사람인 듯하면서도 사람이 아닌지라 … 괴이하게 여겨 쳐다만 보았다. 혼란에 빠져 조총 하나, 화살 하나 쏴 보지도 못하고 크게 무너져 남쪽으로 달아났는데 쓰러진 시체가 들을 덮었다."
　　　　　　　　　　　　　　　　- 조선 후기 학자 이중환의 『택리지』 '팔도론 - 충청도' 중에서

다양한 것이 오고 가는 교류의 현장, 전쟁

임진왜란은 조선, 명, 일본이라는 동아시아의 세 나라가 얽힌 큰 전쟁이었어요. 전쟁은 사람들이 목숨을 잃고 삶의 터전이 파괴될 수밖에 없는 비극을 주기도 하지만 여러 교류가 일어나게 해요. 교통과 통신이 오늘날처럼 발달하지 않았던 당시에는 전쟁이 다른 나라와 접촉할 수 있는 현장이기도 하니까요.

- 일본은 조총이라는 새로운 무기를 앞세워 조선에 쳐들어 왔어요. 당시 조선에는 총이 없었기에 임진왜란 이후 조선은 조총 개발에 힘썼어요.
- 조선의 도자기: 일본으로 조선의 도공이 납치되어 조선의 백자 등 도자기를 만들 수 있는 기술이 일본에 전해졌어요.
- 항왜: '항복한 일본인(왜인)'이라는 뜻이에요. 조선에 항복해 조선의 병사로 활약한 일본인도 많았어요.

어휘쏙쏙

한복판: 일정한 공간이나 사물의 한가운데
기병 부대: 말을 타고 싸우는 병사들로 구성된 부대
투입: 사람이나 물자, 자본을 필요한 곳에 넣음

적진: 적이 모여 있는 곳
조총: 일본에서 사용된 서양식 총
도공: 도자기나 그릇을 만드는 일을 직업으로 하는 사람

문해력쏙쏙 옳은 단어 고르기

(1) 임진왜란은 조선이 명과 함께 (몽골 / 일본)의 침략에 맞서 싸운 전쟁이었다.

(2) 원숭이 부대는 (일본 / 명)의 군대에 속한 부대로 임진왜란 당시 활약했다.

(3) 임진왜란 당시 조선의 (도자기 / 조총) 기술이 일본에 전래되었다.

1 암호 해독하기

Q 원숭이 울음 소리의 규칙을 찾아본 후, 원숭이 기병대에게 '앞으로 돌격하라!'라고 명령을 내려 보세요.

앞으로 퇴각하라! → 으으 앍 끼끼!
돌격하라! → 왁 끼끼!
퇴각하라! → 앍 끼끼!
앞으로 돌격하라! → ?

A

힌트 명령들을 잘 살펴보면 공통된 구호(원숭이 울음소리)들이 나와요.

(☐ ☐ ☐ ☐ !)

2 O / X 퀴즈

Q 다음 문장을 읽고 맞으면 O, 틀리면 X에 표시하세요.

(1) 임진왜란에 참전한 나라는 조선과 일본 두 나라뿐이었다.   O X

(2) 원숭이 부대는 말을 타고 싸우는 기병 부대였다.   O X

(3) 조선은 명나라의 도움을 받아 일본과 싸웠다.   O X

(4) 조선은 임진왜란 이전에도 조총을 사용하고 있었다.   O X

3 생각 펼치기: 명은 왜 임진왜란에 참전했을까?

Q 명은 왜 조선까지 와서 전쟁에 참여했던 것일까요? 명나라와 조선 그리고 일본의 위치를 통해 추측해 보세요.

A 조선과 명나라가 (_____) 있고, 일본은 섬나라로 (_____) 있기 때문에 일본이 조선을 공격한 뒤, 명나라까지 이어서 (_____) 것이라고 생각했기 때문이에요.

선사 　 고대 　 고려 　 **조선** 　 근대 　 일제 강점기 　 현대

오랑캐에게 머리를 숙이자고?

🔑 keyword 찾아보기! 　 병자호란, 조선, 청나라, 남한산성, 김상헌, 최명길

안녕하세요. 병자호란이 발생한 조선 시대로 시간 여행을 온 인조은 기자입니다. 얼마 전 후금이 세운 청이 군신 관계를 요구하며 남한산성을 포위해 인조 임금과 조정의 대신들이 꼼짝없이 갇혀 있다고 합니다. 이 시점에서 열띤 논쟁을 펼치고 있는 두 분의 이야기를 들어 보겠습니다.

Q 안녕하세요! 자기소개 부탁드려요.
A 김상헌: 안녕하세요. 저는 조선의 예조판서 김상헌입니다.
　　최명길: 안녕하세요. 저는 조선의 이조판서 최명길입니다.

Q 두 분은 서로 어떤 주장을 펼치시길래 논쟁을 하고 계신 건가요?
A 김상헌: 조선은 청과의 전쟁을 이어 나가야 합니다! 우리는 예로부터 명을 섬겨 왔기 때문에 명을 위협하는 청에게 머리를 숙인다는 것은 있을 수 없는 일입니다.
　　최명길: 조선에 더 많은 피해가 있기 전에 어서 청과 대화하고 화약을 맺어야 합니다. 당장 내일이라도 이 성이 함락될 수 있습니다! 일단 사람부터 살고 봐야 하지 않겠습니까? 살아야 기회도 생기는 법이란 말입니다.

여러분이 인조라면 명과의 의리를 강조한 김상헌과 실질적인 조선의 피해를 걱정한 최명길 중 누구의 의견에 동의할 것 같나요?

병자호란과 삼전도의 굴욕

1636년, 조선에게 군신 관계를 요구했지만 거절당한 청은 조선을 공격했어요. 이것을 병자년에 일어난 오랑캐와의 전쟁이라 하여 '병자호란'이라고 해요. 청의 군대는 한양으로 빠르게 내려왔고, 미처 강화도로 피하지 못한 조선 조정은 남한산성으로 피신했어요. 조선은 40여 일간 청에 맞서 버텨 보았지만, 결국 항복하게 되었어요. 인조는 한겨울에 삼전도에서 청 황제에게 삼배구고두례(3번 무릎 꿇고 9번 머리를 조아리는 예법)를 해야 했어요. 오랑캐로 여겼던 나라의 황제에게 신하의 예를 갖출 수밖에 없었던 조선 역사상 가장 치욕스러운 사건이었어요.

 **어휘 쑥쑥**

군신 관계: 임금과 신하의 관계
포위: 주위를 에워쌈
조정: 임금이 나라의 정치를 신하들과 의논하거나 시행하는 곳

화약: 화목하게 지내자는 약속
조아리다: 상대편에게 존경의 뜻을 보이거나 애원하느라고 이마가 바닥에 닿을 정도로 머리를 숙임

 단어 채우기

(1) 청의 군대가 남한산성을 [　　　]했고, 남한산성 안의 사람들은 갇혔다.

(2) 청은 조선이 [　　　]를 거절하자 조선을 공격했다.

(3) 인조는 청 황제에게 3번 무릎 꿇고, 9번 머리를 [　　　] 예법을 했다.

1 삼전도비의 역사 알아보기

Q 병자호란이 끝난 후 청 황제는 자신의 공을 기록한 삼전도비를 조선에 세웠어요. 이후 우리 역사에서는 삼전도비가 뽑히고, 복구되는 일이 반복되었답니다. 이러한 일이 반복되었던 이유는 무엇일까요?

- 1895년 고종은 삼전도비각을 무너뜨리고, 비석을 뽑아서 엎어버림.
- 1913년 일제 강점기 조선 총독부에 의해 다시 복구됨.
- 1956년 이승만 정부가 국보 지정을 해제하고, 뽑아서 땅에 묻어버림.
- 1963년 비석이 강물에 잠기려고 하자, 석촌동으로 옮겨 다시 세움.
- 1981년 청태종공덕비에서 삼전도비로 이름이 변경됨.
- 2007년 비석에 스프레이로 '철거'라고 쓰며 훼손하는 사건이 발생함.
- 2010년 지금의 위치(석촌호수)로 옮겨짐.

▲ 1916년 서울 삼전도비의 모습

▲ 현재 서울 삼전도비의 모습

A

힌트 조선 인조가 청 황제에게 삼배구고두례를 하며 항복했어요.

2 숨은 단어를 찾아라!

Q 주제와 관련된 단어들을 찾아 보세요.

주제 병자호란

삼	고	요	돌	용	남	한
전	구	다	진	칼	한	부
도	려	대	총	국	산	안
비	호	인	조	민	성	위

3 생각 펼치기: 내가 병자호란 때의 신하라면?

Q 조선의 자존심과 명에 대한 의리를 지키고자 했던 김상헌 VS 일단 나라와 백성부터 살리고자 했던 최명길, 두 신하 모두 그 누구보다 나라를 위하는 충신이었어요. 만약 여러분이 병자호란 때의 신하였다면, 어떤 주장을 했을 것 같나요? 그 까닭은 무엇인가요?

A 저는 청에게 (끝까지 맞서 싸우자 / 항복하고 더 이상의 피해를 막자)고 주장했을 것 같아요. 그 이유는 (

_____

_____) 때문이에요.

선사　　고대　　고려　　조선　　근대　　**일제 강점기**　　현대

지금부터 대한민국 공군이 안전하게 호위하겠습니다!

🔑 keyword 찾아보기! 　봉오동 전투, 홍범도, 대한 독립군, 카자흐스탄

2021년 8월 15일, 먼 땅 카자흐스탄으로부터 한 사람의 유해가 대한민국 땅으로 돌아왔어요. 이 분을 모셔 오기 위해 대한민국 정부는 많은 노력을 기울였고, 송환 중 공군 전투기 6대가 호위하는 장면은 이를 지켜보는 모든 사람들의 가슴을 뜨겁게 만들었어요. 78년 만에 고국으로 돌아오게 된 이 분이 누구인지 눈치 챘을까요?

바로 봉오동 전투의 주인공 홍범도 장군입니다. 홍범도 장군은 대한 독립군의 총사령관으로, 봉오동 전투에서 일본에 맞서 독립군 최초의 승리를 거두었던 우리나라의 독립운동가이십니다. 그런데 왜 홍범도 장군은 저 멀리 카자흐스탄의 땅에 묻혀 계셨던 걸까요?

연해주에서 독립운동을 하셨던 홍범도 장군은 1937년 소련의 스탈린이 국가의 안전을 보장하기 위해 펼친 한인강제이주정책에 의해 카자흐스탄으로 떠밀려 이주하게 되었어요. 이후 조국의 해방을 2년 앞둔

▲ 홍범도 장군

1943년에 돌아가셨고, 카자흐스탄 땅에 묻히게 되었답니다. 지난 2021년에는 78년 만에 고국 땅으로 돌아와 대전 현충원에 안장되셨지요.

우리의 역사 속에는 홍범도 장군처럼 목숨을 바쳐 나라를 지킨 분들이 참 많아요. 이 분들을 위해 우리가 할 수 있는 가장 쉬운 일은 '기억하는 것'이 아닐까요?

독립군 최초의 승리를 거머쥔 봉오동 전투

1910년 일제에게 나라를 빼앗기자 우리나라의 많은 사람들이 독립을 위해 힘썼어요. 1919년 3·1 운동 이후에는 독립군이 조직되어 만주(중국)와 연해주(러시아) 일대에서 끊임없이 일본군에게 맞섰어요. 1920년 홍범도 장군은 독립군을 이끌고 일본군을 봉오동 골짜기로 끌어들여 공격했어요. 이 전투에서 독립군은 피해를 거의 입지 않은 채 일본군을 크게 무찌르고, 이후 청산리에서도 승리를 이어갔어요. 봉오동 전투는 일본의 정식 군대를 상대로 첫 승리를 얻어냈다는 점에서 매우 의미 있는 전투라고 할 수 있답니다.

유해: 무덤 속에서 나온 뼈
송환: 본국으로 도로 돌려보냄
호위: 곁에서 보호하고 지킴
고국: 주로 남의 나라에 있는 사람이 자신의 조상 때부터 살던 나라를 이르는 말

이주: 본래 살던 지역을 떠나 다른 지역으로 이동하여 정착함
안장: 편안하게 장례를 지내는 것
일대: 일정한 범위의 어느 지역 전부

 옳은 단어 고르기

(1) 홍범도 장군은 대한 독립군의 총사령관으로 봉오동 전투에서 크게 (승리 / 패배)했다.

(2) 홍범도 장군은 스탈린의 정책에 의해 (중국 / 카자흐스탄)으로 강제 이주하게 되었다.

(3) 홍범도 장군의 유해가 78년 만에 대한민국으로 (돌아왔다 / 돌아오지 못했다).

1 암호 해독하기

Q 독립군에게서 비밀 편지가 도착했습니다. 암호를 해독해서 편지 속 단어를 찾아 보세요.

이	대	토	일	한	제	독
강	점	립	기	히	로	부
미	군	을	총	여	사	조
령	약	경	술	관	국	홍
치	강	범	제	동	도	원

A

힌트 일장기 속에서 태극기를 찾아 보세요!

(☐☐☐☐☐
☐☐☐☐☐☐)

2 가로 세로 퀴즈

Q 가로, 세로 문제를 풀고 빈칸을 채워 보세요.

가로 문제	세로 문제
1 홍범도 장군이 총사령관을 맡았던 군대의 이름	3 홍범도 장군이 고국으로 돌아와 안장된 곳
2 홍범도 장군이 일본군을 기습해 크게 승리한 전투	4 1919년 3월 1일에 일어난 항일 독립운동

3 생각 펼치기: 내가 홍범도 장군이었다면?

Q 홍범도 장군이 살아서 해방을 맞이했다면 어떤 말을 하셨을까요? 홍범도 장군이 되어 1945년 8월 15일의 일기를 적어 보세요.

A _____

선사   고대   고려   조선   근대   일제 강점기   **현대**

철마는 언제쯤 달릴 수 있을까요?

🔑 **keyword 찾아보기!** 철마, 철원, 6·25 전쟁, 백마고지, 아이스크림고지

'철마'는 철로 만든 말(馬)로, 기차를 비유하는 단어예요. 그렇다면 '철마는 달리고 싶다!'라는 문장은 어떤 의미를 담고 있을까요?

강원도 철원 월정리역에는 '철마는 달리고 싶다!'는 문구가 적힌 표지판이 있어요. 바로 그 앞에는 6·25 전쟁 당시 폭격을 맞아 부서진 열차의 잔해와 뼈대만 남은 열차가 전시되어 있지요. 이곳은 6·25 전쟁 이전까지 금강산을 향하던 기차가 다녔던 곳이랍니다. 하지만 지금은 전쟁으로 인해 철길이 끊어져 더 이상 기차가 다니지 못하고 있어요.

▲ 강원도 철원 월정리역 [출처: 대한민국역사박물관]

▲ 백마고지에서 발견된 유해 [출처: 국방부]

또한, 철원에는 전쟁의 상처로 새롭게 생긴 지명이 있어요. 바로 '백마고지'와 '아이스크림고지'입니다. 백마고지는 엄청난 폭격으로 원래 푸릇했던 산의 모습은 사라지고, 땅이 하얗게 벗겨져 마치 백마가 누워있는 모습처럼 변해 붙여진 이름이에요. 아이스크림고지는 남북한의 치열한 전투로 포탄이 많이 떨어져 흙과 나무가 아이스크림처럼 녹는 모습을 본 외신 기자가 지은 이름이라고 해요.

전쟁이 끝난 지 70여 년이 지났지만 그 흔적과 상처는 우리에게 여전히 남아 있어요.

전쟁으로 뜻하지 않게 만들어진 음식

'부산'하면 밀면을 떠올릴 정도로 밀면은 부산을 대표하는 음식이에요. 하지만 밀면의 탄생에는 아픈 사연이 있답니다. 6·25 전쟁 당시 북쪽 주민들은 남쪽에 위치한 부산으로 **피난**을 떠났어요. 피난민들은 배고픔을 달래기 위해 미군이 나눠준 밀가루를 이용해 고향에서 먹던 냉면을 만들어 먹었어요. 이후에는 부산 사람들에게 팔기 시작하면서 밀면은 부산 지역의 향토 음식이 되었답니다. 음식에 담긴 역사에 대해 알고나서 먹는 밀면은 또 어떤 맛일까요?

 **어휘 쑥쑥**

비유: 직접 설명하지 아니하고 다른 비슷한 현상이나 사물에 빗대어서 설명하는 일
잔해: 부서지거나 못 쓰게 되어 남아 있는 물체
지명: 땅 이름
고지: 높은 곳에 있는 진지
피난: 전쟁으로 다른 지역으로 옮겨가는 것

 빈칸 채우기

(1) 강원도 철원 월정리역에는 '⬚는 달리고 싶다!'는 문구가 적힌 표지판이 있다.

(2) 아이스크림 ⬚ 라는 이름은 전투 당시의 모습을 본 외신 기자에 의해 지어졌다.

(3) ⬚은 부산을 대표하는 음식으로 6·25 전쟁 중 밀가루를 이용해 만들었다.

1 전쟁의 상처가 남아있는 곳 조사해 보기

Q 4개의 코드를 모두 겹쳤을 때 완성되는 글자는 무엇일까요?

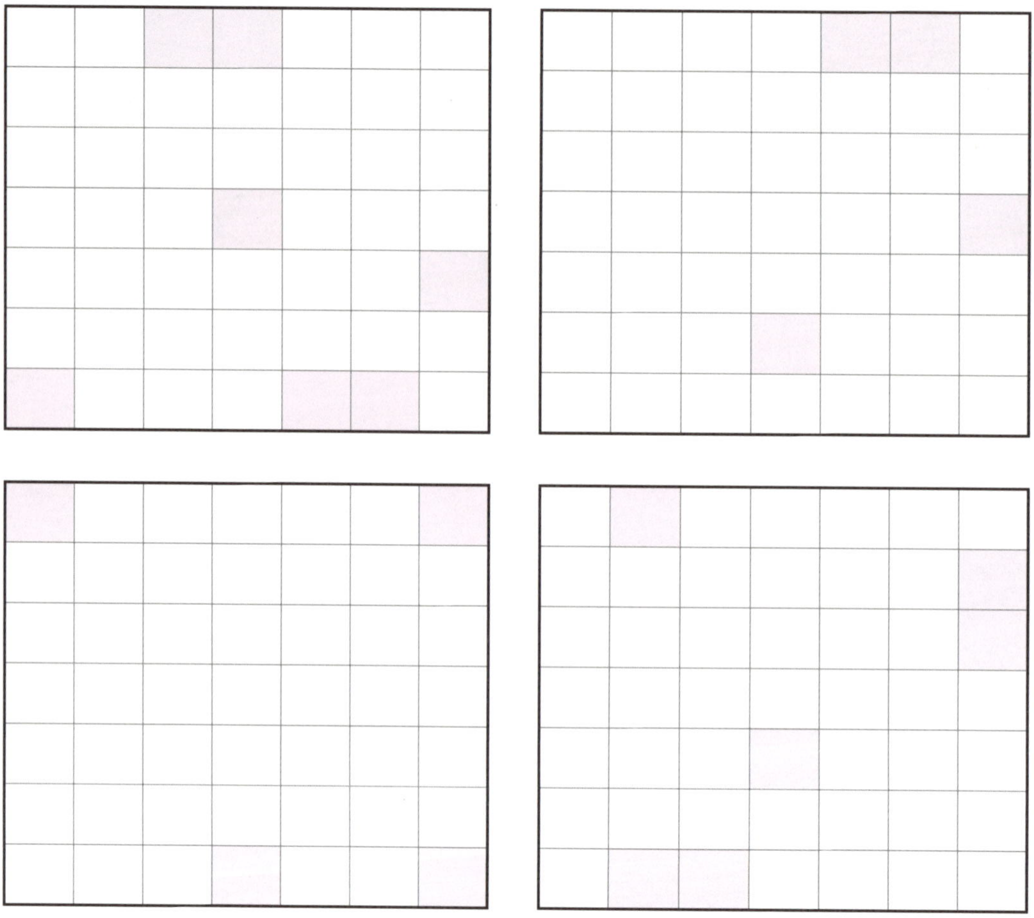

A

> **힌트** '백마고지'와 '아이스크림고지'에 공통으로 들어가는 글자 중 한 글자예요.
>
> (☐)

2 사다리 타기 퀴즈

Q 사다리를 타고 내려 간 곳에 알맞은 답을 써 보세요.

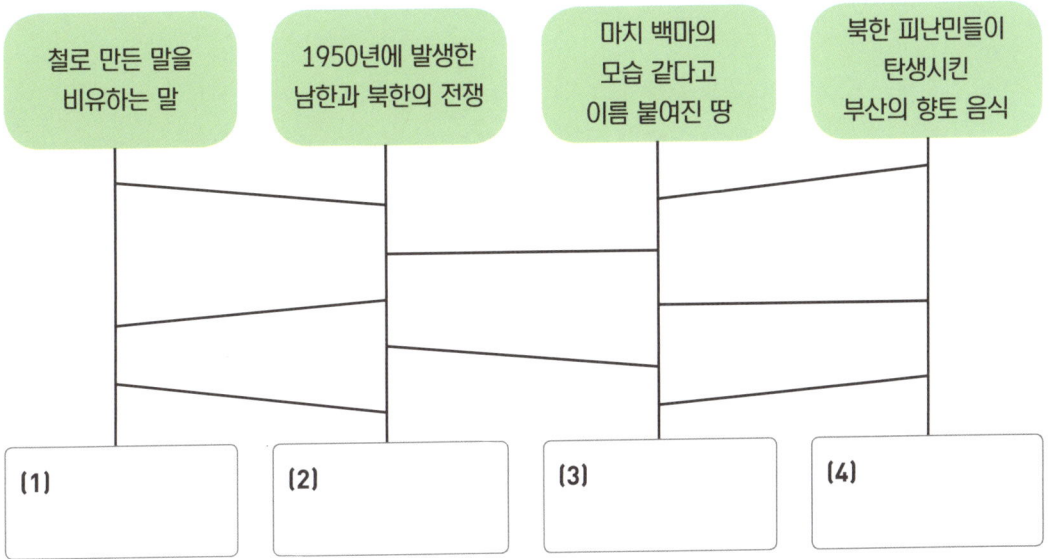

| 철로 만든 말을 비유하는 말 | 1950년에 발생한 남한과 북한의 전쟁 | 마치 백마의 모습 같다고 이름 붙여진 땅 | 북한 피난민들이 탄생시킨 부산의 향토 음식 |

(1)   (2)   (3)   (4)

3 생각 펼치기: 평화의 바람을 담아 우표 만들기

Q 전쟁의 상처가 얼마나 큰지 부서진 기차와 지명 등을 통해 알아 보았어요. 평화를 바라는 마음을 담아 우표를 만들어 보세요.

A 저는 남북한의 평화를 바라는 모습을 우표에 담기 위해

(　　　　　　　　　　　　　　　　　　　)와

(　　　　　　　　　　　　　　　　　　　)

을/를 그렸어요.

소개해요

1 국립부여박물관

 **탐방** 사비 시대 백제의 위대함을 느껴 볼까요?

백제는 수도를 총 2번 옮겼어요. 맨 처음 수도는 한성(지금의 서울), 두 번째 수도는 웅진(지금의 공주), 마지막 수도는 사비(지금의 부여)였답니다. 국립부여박물관에서는 사비 시대의 백제와 관련된 유물이 많이 전시되어 있는데, 대표 유물은 바로 백제 금동 대향로예요. 향을 피우는 도구인 백제 금동 대향로는 부여 능산리 절터 진흙 속에서 발견되었어요. 1,400여 년이 지난 지금까지도 백제 금동 대향로에 세세하게 묘사되어 있는 신선, 사슴과 같은 실제 동물들, 상상 속 동식물 등은 보는 사람들로 하여금 경이를 불러 일으켜요. 교과서 속에서만 봤던 백제 금동 대향로를 직접 보러 가 볼까요?

▲ 백제 금동 대향로

국립부여박물관 바로가기! ▶

 **활동** 온라인으로 보는 국립부여박물관

국립부여박물관 누리집에는 온라인 전시관이 마련되어 있어요. 온라인콘텐츠존에서는 영상을 통해 박물관의 유물들을 관람할 수 있고, VR체험존에서는 가상 공간에서 박물관의 지난 전시들을 둘러볼 수 있답니다! 친구들과 함께 전시를 본 후 가장 인상 깊었던 전시에 대해 이야기를 나누어 볼까요?

국립부여박물관 온라인 전시관 바로가기! ▶

단원마무리

2 남한산성

 **탐방** 병자호란에 대해 더 알고 싶다면?

▲ 남한산성 [출처: 국가유산청]

남한산성은 병자호란 당시 청의 대군을 피해 조선의 조정이 피신하여 40여 일간 저항했던 곳이에요. 경기도 광주시 남한산을 중심으로 쌓여 있으며, 조선의 수도 한양(지금의 서울)을 지키던 산성이에요. 남한산성을 방문하여 나라를 지키기 위해 신하들이 어떤 고민을 했고, 배고픔과 추위 속에서 전쟁을 함께 겪은 백성은 어떤 마음이었을지 생각해 보는 건 어떨까요?

활동 옛길을 걸으며 느끼는 조선의 정취

남한산성 옛길은 조선 시대 봉화로 노선의 일부와 주변의 다양한 역사문화 자원들을 연결해 만든 길이에요. 이 길은 조선 시대 왕들이 여주로 제사를 지내러 갈 때, 보부상들이 보따리를 지고 장터를 떠돌 때, 지방의 사람들이 서울로 갈 때 지나던 길이었어요. 많은 이야기들을 품고 있는 남한산성 옛길을 걸으며 당시 조선 시대 사람들이 즐겼던 역사문화의 정취를 한번 느껴 보세요!

▲ 남한산성 옛길 [출처: 국가유산청]

남한산성세계유산센터 바로가기! ▶

교과서를 넘나드는
초등 어린이 신문 한국사

정답

PART 1 사회

01 [고대] 삼국 시대에도 "구구단을 외자!"

문해력 쑥쑥

(1) 백제   (2) 나무   (3) 산학

생각해요

1 56

2 (1) X   (2) O   (3) O

02 [고려] 개성주악이 아닌 우메기?

문해력 쑥쑥

(1) 개성주악   (2) 코리아   (3) 벽란도

생각해요

2

서	양	청	개	상	감	도
왕	위	성	자	베	개	경
종	주	박	청	화	구	진
악	전	벽	란	도	거	란

개성주악, 개경, 벽란도

03 [조선] 조선 시대에도 출산 휴가를 주었을까?

문해력 쑥쑥

(1) 성군   (2) 출산 휴가   (3) 유교

생각해요

1 훈민정음

암호	ㄱ	ㄴ	ㄷ	ㄹ	ㅁ
풀이	ㅌ	ㅍ	ㅎ	ㄱ	ㄴ
암호	ㅂ	ㅅ	ㅇ	ㅈ	ㅊ
풀이	ㄷ	ㄹ	ㅁ	ㅂ	ㅅ
암호	ㅋ	ㅌ	ㅍ	ㅎ	
풀이	ㅇ	ㅈ	ㅊ	ㅋ	
암호	●	▬	▮		
풀이	·	―	ㅣ		

2 (1) 관청   (2) 『경국대전』   (3) 업적   (4) 신분

04 [일제 강점기] 칼을 찬 선생님이 학교에 왔어요

문해력 쑥쑥

(1) 보통학교   (2) 일본 역사   (3) 칼

생각해요

1 일본어

2 (1) 소학교   (2) 제복   (3) 독립운동

05 [일제 강점기] 지금의 북촌 한옥마을을 있게 한 건축왕 정세권

문해력 쑥쑥

(1) 한옥   (2) 값싼   (3) 독립운동을 위한

생각해요

2 예시 정세권은 일제 강점기에 우리나라를 지키기 위해 우리의 가옥인 **한옥**을 많이 짓고, 조선어학회를 도와 『**조선말 큰사전**』이 완성될 수 있도록 했어요.

06 [현대] 광주에서 열린 영혼 결혼식

문해력 쑥쑥

(1) 시민군 (2) 헌정 (3) 계엄군

생각해요

1 (1) 평화 (2) 시민 (3) 학생
   (4) 질서 (5) 민주

2

¹³대	변	인	
	학		⁴노
	교		동
			운
²민	주	화	운	동

PART 2 문화

01 [선사] 끝이 뾰족하지 않은 빗살무늬 토기도 있다

문해력 쑥쑥

(1) 신석기 시대 (2) 토기 (3) 음식

생각해요

1 (1) 예시 고래를 잡고 있어요.
   (2) 예시 작살
   (3) 예시 많은 식량을 얻기 위해서 사냥을 하고 있을 거예요.

2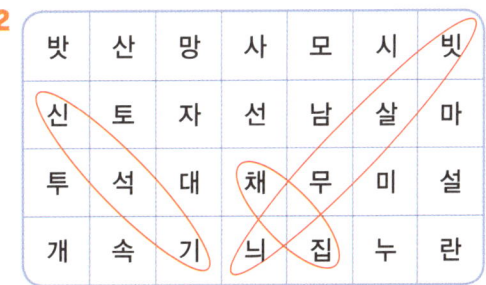

신석기, 빗살무늬, 채집

02 [고대] 일본 게임에 등장한 백제의 칼

문해력 쑥쑥

(1) 백제 (2) 7 (3) 백제 왕세자, 일본 왕

생각해요

1 예시 백제의 왕세자가 제후국인 일본의 왕에게 칠지도를 선물로 주며 계속해서 좋은 관계를 유지하려고 했어요.

2 (1) X (2) X (3) O (4) O (5) X

03 [고려] 고려 시대 난파선, 주꾸미 덕분에 발견되다

문해력 쑥쑥

(1) 태안선 (2) 상감 (3) 포도

생각해요

2 (1) 봉황 (2) 포도 (3) 연꽃 (4) 학

04 [조선] 기록의 나라 조선, 알리지 말라는 왕의 말까지 그대로 기록했어요

문해력 쑥쑥
(1) 기록했다 (2) 조선 왕조 (3) 세계 기록유산

생각해요
2 [예시] 『조선왕조실록』은 아무런 왜곡 없이 있는 사실을 그대로 기록하여 그 가치를 인정받아 유네스코 세계 기록유산에 등재되었습니다.

05 [조선] 조선 후기 서민들이 즐긴 문화 생활은?

문해력 쑥쑥
(1) 풍속화 (2) 「백수백복도」 (3) 소망

생각해요
2 (1) 복 (2) 오래 (3) 화목한 (4) 효도

06 [일제 강점기] 몸뻬 바지, 우스꽝스럽지만은 않아요

문해력 쑥쑥
(1) 꺼렸다 (2) 흔히 볼 수 있는 (3) 금지했다

생각해요
2

¹몸	뻬	바	³지
			배
			⁴고
	²대	중	교	통

PART 3 경제

01 [선사] 고조선에도 화폐가 있었을까?

문해력 쑥쑥
(1) 청동기 (2) 한반도 (3) 8조법

생각해요
1 [예시] 네가 다른 사람을 다치게 했으니 곡식으로 갚아야 할 것이다.
2 [예시] 우리 역사 최초의 국가 고조선에서는 화폐를 사용했어요. 8조법을 살펴보면 남의 물건을 훔쳤을 때 노비가 되지 않으려면 50만 전을 내야 한다는 기록을 통해 알 수 있어요.

02 [고대] 귀족 사회에서 급부상한 해상왕 장보고

문해력 쑥쑥
(1) 당 (2) 청해진 (3) 완도

생각해요
1 법화원
[예시] 장보고가 당 산둥반도에 세운 절로 신라에서 당으로 유학을 간 승려는 물론, 일본 승려도 머물 수 있었어요.

2

¹청	해	³진	
		골	
²⁴중	계	무	역
국			

03 [고려] 문익점은 목화씨를 '훔쳐 오지' 않았다

문해력 쑥쑥
(1) 목화 (2) 장인 (3) 고려병

생각해요
1 예시 몽골(원)과 교류하는 과정에서 몽골 사람들의 머리 모양이 고려 사람들에게도 영향을 주었기 때문일 거예요.

2
고	삼	무	새	문	심	빗
신	려	사	선	목	살	뭇
토	석	병	시	화	물	솔
기	수	가	늬	족	두	리

고려병, 목화, 족두리

04 [조선] 아무나 물건을 팔 수 없었던 조선의 시장

문해력 쑥쑥
(1) 시전 (2) 단속 (3) 정조

생각해요
2 (1) 시전 (2) 독점 (3) 금난전권

05 [일제 강점기] 일본이 조선에 철도를 깔아 준대요!

문해력 쑥쑥
(1) 경인선 (2) 약탈하기 (3) 필요 이상으로

생각해요
1 (1) 경의선 (2) 경원선
   (3) 경인선 (4) 경부선
2 (1) 경부선 (2) 약탈 (3) 경인선 (4) 부설

06 [현대] 국민이 힘을 합쳐 나라를 되살리다

문해력 쑥쑥
(1) 외환 (2) 4년 (3) 금

생각해요
1 구제금융
   예시 기업, 은행, 국가, 개인 등이 파산하거나 돈을 갚을 능력이 없는 위기에 처해 있을 때 이들을 구제하기 위해 민간 및 공공 자금이 지원되는 것을 말해요.
2 (1) X (2) O
3 (1) 11개(대우, 쌍용, 동아, 고합, 진로, 동양, 해태, 신호, 뉴코아, 거평, 새한)
   (2) 8개(한라, 한솔, 코오롱, 동국제강, 동부, 아남, 대상, 강원산업)

단원마무리 소개해요
1 활동 2, 1, 4, 3
2 활동 입당구법순례행기

PART 4 정치

01 [고대] 우리 역사상 영토가 가장 넓은 영토를 가진 나라는?

문해력 쑥쑥
(1) 고구려, 대조영 (2) 해동성국 (3) 영토

생각해요
1 발해
2 (1) 발해 (2) 고구려 (3) 대조영 (4) 해동성국
3 대조영, 고구려, 고려, 수막새, 수막새

02 [고려] 태조 왕건에게 묻다: 낙타 50마리 죽음의 진실

문해력 쑥쑥
(1) 낙타 (2) 발해 (3) 서경

생각해요
1 2♥, K♦, Q♥
2

¹개		³경	
		계	
²북	⁴진	정	책
	격		

03 [조선] 연산군, 광해군 … 이름에 얽힌 비밀?

문해력 쑥쑥
(1) 조 (2) 중간에 쫓겨난 (3) 죽은 뒤

생각해요
1 인조
2 **예시** 고려와 조선에서는 왕이 죽으면 왕이 세운 업적에 종을 붙여 묘호를 만들었어요. 나라를 세운 왕에게는 **조**를 붙였고, 왕의 자리에서 쫓겨난 사람에게는 **군**을 붙였어요.

04 [현대] 저수지 물을 사용할 때도 세금을 내라니?

문해력 쑥쑥
(1) 부정부패 (2) 신분 (3) 일본

생각해요
1 녹두
2 (1) O (2) X (3) O

05 [고대] 도와주세요! 우리 왕이 사라졌어요!

문해력 쑥쑥
(1) 친일 (2) 불안해 했다 (3) 러시아

생각해요
1 엄상궁 가마
2 (1) 의병 (2) 러시아, 아관 파천

06 [일제 강점기] 세계유산 군함도, 한국인에게는 지옥도

문해력 쑥쑥
(1) 군함도 (2) 지옥도
(3) 유네스코 세계유산

생각해요
1 징용

2
일	제	강	점	기	라	한
대	발	문	유	국	군	부
계	징	사	안	원	함	안
가	일	용	도	바	도	위

일제 강점기, 징용, 군함도, 위안부

단원마무리 소개해요
1 활동 예시

2 활동 (1) 26,361,401 (2) 7,827,328
(3) 7,554,764

PART 5 전쟁

01 [고대] 계백, 가족을 몰살하다

문해력 쑥쑥
(1) 침공 (2) 치욕 (3) 결사대

생각해요
1 (1) 나당 동맹 (2) 백제 멸망 (4) 삼국 통일
2 (1) O (2) X (3) X (4) O

02 [고려] 살생은 금지하지만 나라는 구하겠소!

문해력 쑥쑥
(1) 살생 (2) 철군 (3) 팔만대장경

생각해요
1 예시 사막과 초원 지대에서 살았던 몽골 사람들은 바다에서의 전투는 약할 것이라고 생각했기 때문이에요.
2 예시 고려의 승려 **김윤후**는 **처인성**과 **충주성**에서 활약하며 **몽골**의 군대를 막아냈어요.

03 [조선] 임진왜란의 기묘한 이야기, 왜적을 물리친 원숭이

문해력 쑥쑥
(1) 일본 (2) 명 (3) 도자기

생각해요
1 으으 왁 끼끼
2 (1) X (2) O (3) O (4) X
3 붙어, 떨어져, 공격할

04 [조선] 오랑캐에게 머리를 숙이자고?

문해력 쏙쏙

(1) 포위   (2) 군신 관계   (3) 조아리는

생각해요

1 예시 삼전도비는 우리나라에게는 병자호란의 패배를 떠올리게 하는 치욕스러운 역사이고, 그 역사를 마주하는 것이 불편했기 때문이에요.

2

삼	고	요	돌	용	남	한
전	구	다	진	칼	한	부
도	려	대	총	국	산	안
비	한	인	조	민	성	위

삼전도비, 인조, 남한산성

05 [일제 강점기] 지금부터 대한민국 공군이 안전하게 호위하겠습니다!

문해력 쏙쏙

(1) 승리   (2) 카자흐스탄   (3) 돌아왔다

생각해요

1 대한독립군 총사령관 홍범도

2

¹³대	한	독	립	군
전				
현		⁴3		
충		1		
원		운		
	²봉	오	동	전	투

06 [현대] 철마는 언제쯤 달릴 수 있을까요?

문해력 쏙쏙

(1) 철마   (2) 고지   (3) 밀면

생각해요

1 고

2 (1) 백마고지   (2) 밀면   (3) 철마
  (4) 6·25 전쟁

MEMO

시대에듀에서 만든 도서는 책, 그 이상의 감동입니다.

MEMO

교과서를 넘나드는 초등 어린이 신문 한국사

초 판 발 행	2025년 01월 10일 (인쇄 2024년 11월 13일)
발 행 인	박영일
책 임 편 집	이해욱
지 은 이	신봉석, 배성호, 문순창, 박주현, 양누리, 이민화, 정일승
편 집 진 행	이미림 · 백나현 · 박누리별 · 김하연
표 지 디 자 인	박수영
편 집 디 자 인	홍영란 · 채현주
그 린 이	전성연
발 행 처	(주)시대에듀
출 판 등 록	제 10-1521호
주 소	서울시 마포구 큰우물로 75 [도화동 538 성지 B/D] 9F
전 화	1600-3600
팩 스	02-701-8823
홈 페 이 지	www.sdedu.co.kr
I S B N	979-11-383-8365-3 (74710) 979-11-383-8364-6 (세트)
정 가	17,000원

※ 이 책은 저작권법의 보호를 받는 저작물이므로 동영상 제작 및 무단전재와 배포를 금합니다.
※ 잘못된 책은 구입하신 서점에서 바꾸어 드립니다.